好教师
从哪里来

陈文 ——

著

湖南人民出版社·长沙

图书在版编目（CIP）数据

好教师从哪里来 / 陈文著 . –– 长沙：湖南人民出版社，
2025 . 6 . –– ISBN 978-7-5561-3890-6

Ⅰ . G451.2

中国国家版本馆 CIP 数据核字第 2025M6M172 号

HAO JIAOSHI CONG NALI LAI

好教师从哪里来

著　　者	陈　文	

出 版 人	张勤繁
责任编辑	姚忠林
装帧设计	刘　哲
责任印制	虢　剑
责任校对	夏丽芬

出版发行	湖南人民出版社［http://www.hnppp.com］
地　　址	长沙市营盘东路3号
邮　　编	410005
经　　销	湖南省新华书店

印　　刷	湖南贝特尔印务有限公司
版　　次	2025年6月第1版
印　　次	2025年6月第1次印刷
开　　本	710 mm × 1000 mm　1/16
印　　张	14.25
字　　数	147千字
书　　号	ISBN 978-7-5561-3890-6
定　　价	58.00 元

营销电话：0731-82221529（如发现印装质量问题请与出版社调换）

序

好教师永远在路上

王中翼

去年寒假，我的一位刚研究生毕业入职当了语文老师的学生来看我，谈起初为人师的一些感受。她说每当备课或走进课堂，总会时不时想起中学课堂的情景，想起当时老师是怎么上课，是怎么讲解一篇课文、某个知识点的，包括姿势、腔调等等，于是自觉不自觉地会做一些模仿学习。她的话让我深有同感，这不禁让我回忆起了我的中学时代，想起了那时教过我的老师，想起了陈文老师。

而就在一个星期前，我接到陈文老师的微信，请我为他即将出版的教育随笔集写一篇序言。作为陈老师四十多年前的学生，我有些受宠若惊，但更多的是诚惶诚恐。坐到电脑桌前，陈老师年轻时候的模样清晰地在脑海里浮现。

陈老师是那时为数不多的从山外新来的老师。记得他刚来不久就中途接手教我们语文，他的到来为我们带来了许多课本之外的新鲜知识。他讲课很少照本宣科，总是充满激情，活泼生动，时常引用穿插或者补充一些作家故事、诗文佳句等相关知识。农村最有文化气息的场合就是红白喜事和过年时要贴春联，于是他就给我们讲对联知识，什么上联、下联，什么正对、反对、串对、流水对，加上那些精巧的例子，有趣极了。他用流畅的行楷板书了一黑板又一黑板，我工工整整地记了一页又一页笔记。从那以后，那薄薄的粗糙的作业本难以满足我记笔记的需要了,我于是省下几个星期的生活费(其实只有几毛钱)买了个日记本,先把对联知识转抄到这个塑料封皮的日记本上,以后专门来记这些丰富多彩的语文知识。除了陈老师讲的,自己也开始"主动觅食",偶尔从哪里看到或听到的新鲜有趣的知识也及时记在里面。我如今知识储存库里的不少东西,就是来自那个日记本。

陈老师喜欢看书,喜欢文学,关注文坛动态,也喜欢写作,而我们总能从他那里了解到他关注和喜爱的东西。他会给我们朗诵自己写的新诗,也曾自信地展示在公共走廊的黑板上,供全校师生观览。他热情洋溢地朗读着新发表的书评,让我们知道有一篇叫《新星》的小说轰动了文坛;他兴奋地告诉我们,一个浏阳籍的女大学生写的《女大学生宿舍》获得了全国大奖。第一届茅盾文学奖隆重揭晓了,课文《谁是最可爱的人》的作者魏巍凭借长篇力作《东方》获此巨奖。陈老师还喜欢唱歌,也经常教我们唱歌。他把曲谱、歌词写在黑板上,或者刻钢板油印给我们,然后打着拍子,一句接一句地教我们唱起来,认真而投入。《在希望的田野上》《在那桃花盛开的地方》《牡丹之歌》《童年》《蜗牛与黄鹂鸟》,这些刚传唱开来的歌曲,深深地感染了我们,于是我的日记本上又增添上了这些优美的歌词,那些动人的旋律至今熟悉如昨。

陈老师也像那时的歌曲一样,阳光明媚,热烈欢快,朝气蓬勃。他待人亲切随和,又多才多艺,让我们很是敬佩和期待。我在那所学校读完初中又读高中,陈老师也随后任教高中了。也许是潜移默化的作用吧,在陈老师的熏陶感染之下,我们爱上了语文,感受到了语言文字的魅力,感受到了生活的美好,人生似乎有了方向和追求,充满着对远方和未来的向往。我们不少同学都有了专门的笔记本,抄记各种丰富有趣的知识。我们逐渐用不一样的眼光观察山川万物,众生百态,思考社会人生。我也爱上了找书看、买书看。

当时,教育局正在组织全县的中学生作文比赛。陈老师告诉同学们这个消息,特意找到我说,"你平时作文写得好,去参加一下。"好像对我很有把握似的,语气中还带着不容推脱的意味。其实我平时也就是写了老师布置的"命题作文",并没有过什么创作,也自知并无什么写作才能,因此感到颇为难。但陈老师几次过问,一再催促,我才定下心来,把对当时家乡正在火热发展的乡镇企业的一些观察思考,写成一篇调查报告式的文章,忐忑不安地给了陈老师,算是交差了。陈老师也没多说什么,帮我修改了一下,就寄出去了。大概一个多月,忽然传来轰动全校的消息,我那篇文章居然获奖了,并且是全县唯一的一等奖。这在我们这所山区中学那可是"开天辟地"的事!我一下成了全校同学眼中的"才子",学校也以"山窝里飞出金凤凰"为主题加以宣传。大赛组委会也特别重视,暑假里专门组织指导老师和获奖同学参加了一个夏令营,陈老师于是带着我到汉高岭林场领奖、座谈、采风,算是大开了一回眼界。

就这样,我带着这份不虞之誉顺利参加高考,走出中学的大门,考入了湖南师大中文系,跟随着陈老师的脚步,踏上了中学语文老师的道路。

陈老师在送走我们这一届高三毕业班后,又教了两届高三毕业班的语文,年纪轻轻就已经有多届高三教学经验了。他边教书边反思总结,业务精进,业绩突出,写下很多教育随笔和教学论文,被县教育局看重,调入教育局教研室,开始在教育教学教研和教育管理多方面大显身手,成效卓著,声名日隆。我不断听到、看到老师的好消息。从拔优晋升高级教师到评为特级教师,知名度越来越大;从山村中学教师到浏阳市语文教研员、教研室主任,再到浏阳市教育局副局长,职务一再升迁;从媒体专访报道到获评"全国十大推动读书人物"。他发起了浏阳全市教师深入持久的读书活动，为教师专业成长探索出了一条新路径，产生了广泛深远的影响。更让我赞叹敬佩的是，陈老师虽然职位渐高、职务日趋繁忙，但他目光总是向下、向内，务本、求实，专注于教学一线，专注于教师成长。他一直保持着朴素低调、年轻进取的心态，敏锐的触角。他号召推动大家读书、思考、写作，自己一马当先，身体力行，每年坚持大量阅读，勤奋写作，写下大量的教育教学方面的论文随笔和文学作品，频频见诸报纸杂志，并公开出版多部教学论著和短篇小说集。退休以后，他一如既往，情系教育，心怀苍生，行走不断，笔耕不辍。

陈老师在我心目中，一直都是伟岸的形象。我后知后觉地意识到，其实，他刚入职教我们时还只有十九岁，跟我相差仅仅几岁，我们都是同一年代出生的人，但他一直是我的老师，是我的领路人。求学时代，他把蒙昧无知的我领进广阔的语文天地，走上讲台，又是我教书育人的榜样，其他许多方面也深深受到他的影响。我时常回想，在人生的关键时期，有一个好老师是多么重要啊！能遇到一个好老师又是多么幸运的事啊！

陈老师虽然和蔼可亲，从无高高在上的优越感，也从未见到他疾言怒色的威严，但自学生时代起，我对他始终既亲近信赖又心存敬畏。如果说学生时代的敬畏更多的是源于师道尊严的氛围，参加工作以后则更多源于他追求卓越、不断超越自我的精神。大学毕业后，我被分配到长沙雅礼中学教书，深感身为人师的不易，有了家室以后，增添了养家育儿的担子，与许多师友渐渐中断了往来，失去了联系。在所有的老师中，唯有陈文老师与我一直保持着联系。虽然见面不是很多，联系不是很密切，但我一直关注着他的消息，他也始终关心着我的进步。我坚守教学阵地，耕耘教学园地，勤奋进取，努力成为一名好老师。我保持买书、读书、勤于动笔的习惯，努力做一名学生喜欢的老师。虽然"一起写点文章"的愿望始终没有实现，但我谨记于心，成为我不懈前行的一个动力。多年来，我实际上是有意无意地追随着老师的步伐，学习着老师的风范，实践着老师的理念，也不断收获着成长与进步。然而我生性驽钝，步履迟缓，陈老师总是意气风发，健步向前。瞻之在前，仰之弥高，陈老师始终站在我仰望的高度。怎不令人敬畏？

现在，已经退休的陈老师又有新著即将出版，他的这本《好教师从哪里来》再一次聚焦教师的成长，从"坚守教育底线""追求课堂教学效益""尊重人的成长规律"和"淬炼育人本领"等四个方面论述了好老师的成长路径。反复展读书稿，令人百感交集。师恩难忘啊！四十余年的惠泽令我感念。在我眼里，他似乎天生就是一位好老师，然而他从未停止对好教师的追求；不仅如此，他还一直致力于引领更多的老师成为好教师。虽然他已经功成名就，但依然不遗余力，金针度人，传教育之道，授教学之法，孜孜不倦，乐此不疲，我想这就是好老师的意义吧。

于我而言，正如早些年他赠送给我的一本教学论著的书名那样，陈老师一直鞭策我"边教书，边成长"。我深深感悟到，学无止境，教无止境，成长也没有止境，好教师永远在路上。

（作者系长沙市雅礼中学教师）

目 录

辑二:好教师从追求课堂教学效益中来

辑三:好教师从尊重人的成长规律中来

辑四：好教师从淬炼育人的本领中来

后记：预立的人生会更精彩

辑一

好教师
从坚守教育底线中来

家庭教育中的言教、身教与"境教"

一个完整的教育体系应该包括家庭教育、学校教育和社会教育三个部分，而家庭教育在整个教育体系中是基石，其重要性是不言而喻的。这块基石牢固，教育大厦才能耸立起来。从现实情况看，家庭教育还没有很好地承担起应有的职责，很多时候是处于缺位状态的。有的家长以为满足孩子的物质要求就可以了，把教育孩子的事全部交给学校和老师。

实际上，孩子的性格特点、行为习惯等基本上是在家里形成的。家长对孩子这些品质的教育可以通过言教、身教和"境教"来实现。

一、言教。言教是家庭教育中一种重要的教育方式。孩子处于懵懂状态，需要家长用平等的态度、亲切的言语、鲜活的事例，引导孩子在纷繁复杂的事物中辨真假、明是非，让他们从小养成向善、尚美、求真的意识。有效的言教，一来要求家长能够选择发生在孩子身边的典型案例，以例说理，以理示人，以理服人，不是说一些自己都不相信、不理解的大道理。二来要求家长自身要有正确的世界观、人生观和价值观，这样才能将孩子引入阳光大道，如果家长自身"三观"不正，那这样的言教就不是诲人而是"毁人"。三来要求家长别居高临下、絮絮叨叨地说教，更不能求饶般声泪俱下地说教，否则，都不会有预期的教育效果。因为法国教育家卢梭早就说过，世界上最没用的三种教育方法是：讲道理、发脾气、刻意感动。

二、身教。中国自古就有"身教重于言教"的理论，"以身作则"是身教的最高原则。作为家长，必须做到言必信，行必果。要求孩子做到的自己先得做到，要求孩子不做的自己坚决不做。我们常说"最好的教育是陪伴"。陪伴就是身教，陪伴又分为有效陪伴和无效陪伴，如果家长要求孩子读书、做作业时，自己也拿起书来读，这就是有效陪伴，也是最好的身教。如果家长虽然人在孩子身边，却在看电视或玩手机，这样的陪伴就会是低效甚至是无效的，因为它无法产生教育的力量。现在，党和政府对劳动教育非常重视，家庭中培养孩子的劳动意识和能力可谓得天独厚。这方面可以从家务劳动入手，家长在其中的身教作用更为明显：一是示范，让孩子学习有方向和榜样；二是放手，让他们依据长辈的指点完成好必要的劳动任务。

三、"境教"。这里说的"境教"，是指家庭环境对孩子潜移默化的作用。爱与责任等教育都依赖家庭环境。家长希望孩子成为一个有礼貌、懂规矩、守信用、爱整洁的人，就应该让家里的每一个人和每一件物品都具有教育作用。餐桌，是家庭教育的重要"课堂"，一个人的教养，如待人有礼貌、说话懂规矩等品格，大多在餐桌旁形成。家长在餐桌上营造良好的氛围，会直接影响孩子的为人处世。现在，很多家庭都愿意花钱给孩子买玩具、买书籍，而孩子玩完、读完后将它们扔得满地都是。诚然，孩子通过玩玩具、读书能使智力得到开发，实际上，这只利用了它们一半的价值。如果家长有"境教"意识，就应要求孩子将这些玩过的玩具、读过的书收拾好，摆放整齐有序，这样既可以培养孩子珍爱物品（特别是书籍）的意识，又可以培养孩子放物有序的习惯。长期坚持这样做，孩子的个人素养一定会很高。

在家庭教育中，言教、身教和"境教"缺一不可，其中身教尤为重要。因为对于孩子而言，最有用的教育，就是让他们看见，父母一直在努力成为更好的自己。

多方合力治理问题动画短视频

随着网络的快速发展，动画产业迎来了春天，但由于观看群体大多是未成年人，一些动画片的不良问题也逐渐显露出来。近日，山东济南的张女士爆料，她在辅导女儿写作业时，因双方意见不合，女儿竖起中指称她"傻波一"。张女士在严厉批评女儿时，了解到女儿的脏话和侮辱人的手势是从动画短视频中学来的。她查看女儿常看的动画短视频，发现里面不乏粗俗用语、成人化内容和暴力镜头。无独有偶，北京刘女士的孩子也迷上了动画片，放学到家的第一件事就是打开投影仪。本以为让孩子看看动画片也挺好，不料，只见动画短视频里的主人公抱了臭脚丫子一分钟，被奖励了100万金币。这让旁边的小贝羡慕不已，有样学样地抱起了臭脚丫子。刘女士看到这个场景吓坏了，她跟着看了几集，发现后面的更离谱："尿床200次，可以获得尿床大王奖状；爸爸妈妈可以被我随便打……"

早在2021年4月，江苏省消费者权益保护委员会曾发布《动画领域侵害未成年人成长安全消费调查报告》，从21部流行动画片中梳理出1465处问题，集中于粗俗用语、暴力镜头、危险行为等方面。报告显示，八成接受调查的家长支持严格把控放映尺度。未成年人处于身心发展的关键时期，三观仍在建立之中，辨别能力、判断能力不强，从动画片中看到暴力镜头、危险行为，可能会引发或者诱导其持续关注不良信息、模仿不安全行为。

动画短视频成人化、低俗化、暴力失度等问题如何解决？从现实情况看必须多方合力才能根治。首先，有关部门必须秉公执法、依规行政。对于一些包含暴力血腥、暗黑恐怖、教唆犯罪等内容，以及存在着装暴露、情节低俗等问题的动画片，监管部门应该依据《中华人民共和国未成年人保护法》《中华人民共和国网络安全法》和《互联网信息服务管理办法》等相关规定予以打击。同时，出台国产动画片内容标准，对暴力、低俗、危险情节和不文明的语言做出严格限制，不让含有这些内容的动画片上架，或责令其进行修改后再上架。也不妨借鉴一些国家实行"分级制"的做法进行严格管理，按照不同年龄段的可接受程度和需求进行分级，避免动画片尺度超出儿童可接受的范围。比如日本的动画片分为四个等级，其中 G 级动画表示老少皆宜，PG12 动画表示未满 12 周岁需要成年人陪同观看，R15 动画表示未满 15 周岁禁止观看，R18 动画表示未满 18 周岁禁止观看。日本动画片的分级制度使得其动画产业发展迅猛，我国可以适当借鉴。其次，不断提高国内动画片从业者的素质。当前，动画从业者在未成年人教育方面的理念是否科学，是否受过相关学科以及伦理教育都是影响作品质量的因素，而对于大多数从业者来说，他们所关注的焦点仍停留在作品本身，还没有意识或能力去兼顾未成年人保护方面的思想内容和技术问题。因此，必须加强对动画人才的文化、价值观教育，为未成年人营造清朗的观影空间。最后，家长在治理低俗动画短视频方面应该发挥重要作用。长辈在发现孩子观看不合适的节目时应当积极制止，并引导孩子观看积极向上的节目，帮助孩子养成良好的观看习惯。同时，及时对包含暴力血腥、暗黑恐怖、教唆犯罪等内容的动画片进行投诉举报，让问题动画短视频无藏身之地，给儿童一个健康向上的成长环境。

坚决对不良导向商品说"不"

近日，教育部、市场监管总局、工信部、全国妇联四部门办公厅联合印发通知，部署各地进一步加强儿童玩具和学生用品安全管理。这个文件的出台，有很强的针对性和现实意义。近段时间以来，未成年人"网红"玩具充斥中小学校周边的商店，引发家长的担忧。就在前几天，山东的一位母亲给上小学四年级的儿子整理房间时，在其枕头下发现一个"鼻吸能量棒"。这个玩具的主要成分是薄荷、精油等物质，具有清凉刺激的作用，长期使用对身体有害，而且容易"上瘾"。不少家长反映，现在孩子身边还有"香烟糖""酒精冰激凌""萝卜刀（一种塑料仿刀玩具）"等玩具，正在成长中的孩子身边不断出现这种容易导致不良行为的食品和玩具，真让家长操碎了心。

这类商品为何能大行其道？主要有以下几个原因：产品设计新颖，且与孩子喜欢的食品、卡通风格等元素相结合；互联网的宣传和社交媒体的分享；价格低廉，容易购买；部分商品宣传具有解压功能，契合未成年人释放日益增加的学业压力的需求，这也让家长放松了警惕。另外，我国目前针对未成年人商品的国家或行业标准较少，实践中监管难度较大。缺乏明确、具体的国家或行业标准，这一方面助长了不良商家抱着"钻空子"的心态进行生产经营，另一方面也导致有关部门在执法、司法过程中缺乏具体可参考的依据。再者，涉及未成年人的商品往往同时涉及产品质量、食品安全、广告宣传甚至知识产权等多重领域，需要多领域的专业执法队伍联动合作，执法难度较大、成本较高。

营造未成年人健康成长的环境，是全社会义不容辞的责任。当务之急，一是要落实好之前四部委的专项通知精神和2022年1月市场监管总局、教育部、公安部联合发布的《关于开展面向未成年人无底线营销食品专项治理工作的通知》，在全社会广泛宣传相关的法律法规。二是进一步规范涉及未成年人的玩具和学习用品的生产和销售。《中华人民共和国未成年人保护法》明确规定："生产、销售用于未成年人的食品、药品、玩具、用具和游戏游艺设备、游乐设施等，应当符合国家或者行业标准，不得危害未成年人的人身安全和身心健康。"有专家建议，要完善立法，从源头上规范不良商家层出不穷的侵害未成年人权益的行为，可以考虑在《未成年人保护法》中增加关于未成年人商品的规定，将其他法律法规中的零散规定进行整合，同时配套规定相应的法律责任。三是加大对"网红"玩具、学生文具等用品的抽查检查力度和违法处罚力度。市场监管部门应加强抽查力度，确保涉未成年人商品在生产销售环节均符合法律规定，对违法者坚决说"不"。同时，可以和教育部门、学校联合开展相关主题活动，加强对学生和家长的宣传教育，使其主动减少购买相关商品，倒逼生产者减少生产，引导未成年人树立正确的消费观。

警惕对儿童的过度消费

临近期末，经历了一个学期起早贪黑直奔学校的儿童，满心欢喜地盼望着假期的早日到来。因为按照常理，假期里的孩子们不必按时起床了，可以做一些喜欢做的事，甚至可以去一些想去的地方。可是，大人不这么想，这个时候，家长想到的是利用假期多给孩子报几个补习班。有些课外辅导机构，早已把各类补习班开班的广告送到学校门口接送孩子的家长手里。还有些商业机构，盯上了即将休假的孩子，"某某杯少年儿童才艺大奖赛"或"某某杯少年儿童选美比赛"的启事不时出现在精美的纸质广告和热闹的电视屏幕上，惹得一部分在校学生摩拳擦掌、跃跃欲试。学生家长呢？看到媒体上或邻居家的女孩子真的捧回个什么大奖，还真有"不重生男重生女"的意识在心里潜滋暗长。

面对这种针对少年儿童的饱含功利之心的消费之风，我们的学校不能视而不见。

面对这些"大奖""选美"之类的诱惑，我们的家长要禁得起考验。希望自己的孩子有出息，出人头地，这是天下父母的共同心愿。但为人父母也应该明白：孩子的成长有一个过程，在这个过程中，我们应密切关注的是孩子正确的情感、态度、价值观的逐渐形成，个性心理的逐渐成熟。过早地让孩子去接触在他们那个年龄不应该接触的东西，让孩子感到获奖就能名利双收，一好百好，否则花钱费力，一无所获，一无是处，久而久之，容易让孩子形成侥幸心理而不脚踏实地地学文化和学做人。这对于孩子的成长是很不利的。一个人的成长首先是看他的为人，先成人再成才。处在成长阶段的孩子，父母硬要将他当作"才"用，最终恐怕都逃不过揠苗助长的结果。古代有一个叫方仲永的孩子，少年时很有才气，吟诗作对，立马能就，他的父亲带他到处吟诗作文，以获取钱财。由于没有持续学习，长到十来岁，这个天才少年，也就"泯然众人矣"（和一般人一样了）。这是宋代政治家、文学家王安石为我们讲述的发生在当时的一个真实故事。这个故事对那些还在做让孩子"一夜成名天下知、父母兄弟都沾光"的梦的家长有现实教育意义。

面对这些"大奖""选美"之类的诱惑，我们的学生要禁得起考验。参加这样那样的比赛，肯定要花费大量的时间及人力、物力，而对于我们青少年而言，时间无价。花时间包装自己，必然会荒废学业，影响自己的全面和谐发展。英国有句谚语：造就一个百万富翁不需要三天，可培养一个贵族起码要三年。我们在电视等媒体上经常看到有的人参加选美之类的大赛，当有文化方面的考查时，由于年龄小、学历低、视野窄，连基本的生活和文学常识问题都答不上来，让观众直摇头。记得读过台湾作家林清玄的一篇散文，题目叫《生命的化妆》，文章中说人们（特别是女孩子）化妆的最高境界是读书，唯有读书才能提升人的气质。我们的中小学生要为自己一生的幸福生活积累资本，不要为社会上形形色色的诱惑动心而使自己原本不丰厚的资本一下子耗尽。面对诱惑心不动，风物长宜放眼量。这是我们应持的态度。

绩效奖岂能"近水楼台先得月"

岁末年初，是对教师一年工作进行评价的时候。近年来，各地中小学教师的工资结构里多了一项绩效奖。顾名思义，这个奖金是对一线教师在教育教学上做出成绩的奖励，体现制度层面设计的多劳多得、优劳优酬的社会主义分配原则。

可有的地方却没有正确理解和实施好这项分配原则。前不久，有教师通过微信向我展示一张学校绩效奖单，学校一线教师的绩效奖金都在 1500 元到 2000 元之间，这位向我吐槽的教师在学校里教两门主课，绩效奖也就 1800 元，而学校中层以上的领导干部的绩效奖却都有 11000 元之多。这种"近水楼台先得月"的分配方式，让教师们愤愤不平。

管理者当然辛苦，但只要对学校工作有了解的人，都会对把大部分奖金分给管理者的做法感到不妥。"教师第一"应该成为绝大多数业内人士的共识。学校工作的成败关键在教师！一所社会认可、人民满意的学校，肯定有众多有理想信念、有道德情操、有扎实知识、有仁爱之心的教师在那里认真工作、无私奉献。如果学校管理者对此视而不见，一心只想着自己辛苦了，或是感觉这是管理层领导有方，应该好好奖励自己，把大部分奖金分配给管理人员，这将极大地挫伤广大教师的工作积极性。这样的学校注定不会有高的质量和好的声誉。

管理者最不能做的是"利己损他"的行为，对比一些学校的规章制度，很容易发现，那些用来调节"利他且利己行为"和"利他而损己行为"的制度较多的学校，往往有着较好的校园生态。管理的本质是激发善意，管理的全部努力是使人不断向好。如果不重视对教师额外劳动的补偿，学校风气就会越来越坏。因此，制度设计不能回避人性。管理者不仅要在制度设置上体现"教师第一"，还要把福利更多地放在老师们的家人身上，把子女入学、配偶工作、老人看病等问题作为学校的头等大事。学校应秉持"竭尽全力帮助老师，以方便老师竭尽全力帮助学生"的核心价值观。这样的制度由于把重点放在对人的关心上，所以就超出了一般的福利制度的性质，具有很大的激励作用。

那种在绩效奖励上"近水楼台先得月"的利己损他的行为必须尽快停止！应从成就师生、发展学校出发，既不回避人性，又着眼调动全体教师的工作积极性，认真设计好包括绩效奖在内的各项奖励制度，让它们充分发挥应有的作用。

管理者应该重新把自己摆在教师的位置

"自从他当上了学校领导，说话走路的样子全变了，俨然一副领导派头。"我跟一些老师沟通时发现，他们对某些领导的行为不以为然。教师的话引起了我的思考。我想仿照著名教育家苏霍姆林斯基提醒教师的"时刻不要忘记自己曾经是孩子"这句话，来提醒一下某些学校管理者：时刻不要忘记自己曾经是教师！因为学校里绝大多数管理者都是从教师中走出来的。

就目前的现实情况看，教师不仅在社会上是弱势群体，他们在学校里也是处于被动状态。校园里一切都得听从学校管理者的安排。如果管理者在安排布置工作时没有忘记自己曾经是教师，我想他们的态度应该是温和的，言语应该是温暖的，老师们肯定感受到亲近，也就乐于接受。当管理者面对教师工作中的不尽如人意或重大失误，需要提出严厉批评或改进建议时，一要探究这位老师为什么会出现这样的问题，深入分析这个问题背后的原因，厘清责任；二要结合自己的认知，换位思考。自己也是从教师这个岗位走过来的，如果自己现在还是一名老师，会希望领导用怎样的方式来处理问题呢？

从教师角色走上学校管理岗位的人，肯定明白老师们的心思。学校里，老师们最敬佩的是那些思想境界高、专业能力强的领导。这就要求管理者在平时的工作生活中处理好各项事务之间的关系，树立成长型思维，做一名终身学习者，在自己的专业领域说得上话。这般身教一定重于言教，能达到不言自威的效果。

时刻不要忘记自己曾经是一名教师，学校管理者必须明白管理的内涵和作用。有句话大家耳熟能详：领导就是服务。世界级管理学大师德鲁克曾说，管理的目的就是最大限度地激发人的善意与潜能。

学校管理者如何做好服务、激发潜能？

一是公正对待每一位教师。公正公平对待每一名教师，是管理者最基本的素质。我在阅读国际国内一些大企业家写的有关管理学的书籍时了解到，在那些经营时间久、经营状态好，几十年都处于良性发展的企业里，基本上都有明文规定：下级不能当面赞扬上级，不能向上级送礼和请吃喝，违反者将受到大会批评或降职降薪甚至走人。为什么要这样要求？因为一个单位如果形成了对领导"溢美"的不好风气，将影响管理者对员工公正的价值判断。

二是尊重每一位教师。这个社会只有分工不同，岗位没有高下，人格没有贵贱。尊重每一名教师是做好一切学校工作的基础和前提。尊重教师要从大处着眼、小事着手，不仅尊重教师专业，还要尽可能地尊重教师的个性、特长和爱好，了解教师工作、生活中的难处，主动施以援手，尽力帮助他们解决问题，让教师真切感受到领导的广阔胸襟和单位的温暖温馨。唯有管理者和教师之间相互尊重，教师才能从内心深处认可你的领导，才会自动自发、用心用情用力地把自己的本职工作做到极致。

三是信任每一位教师。古语云：用人不疑，疑人不用。这句话道出了信任的真谛。学校里，只有管理者与被管理者建立起信任，教师才能有积极进取的状态。正如每个教师要相信所有的学生都有成为好学生的愿望一样，学校管理者同样要相信每个老师的内心深处都有成为好老师的情结。如果管理者在工作中时刻提防着老师，经常采取突击检查的方式去检查备课、作业批改和课堂教学，这样做表面可能有点作用，而当老师感觉在一种不被信任的氛围中工作时，久而久之，他们会心灰意冷，很有可能就做点表面文章，"出工不出力"。这种情况发生在立德树人的学校里，其结果是很可怕的。

各位学校管理者，重新把自己摆在教师的位置吧！遇事换位思考一下，自己曾经也是教师。持这样的立场去安排和布置工作，教师是能够察觉到你的温暖和善意的。

用组合拳击破"增负"怪圈

2024年全国两会期间，教育依然成为热门话题，其中"校内减负、校外增负"问题引起广泛关注。代表委员呼吁，名目繁多的校外培训不但加重家长经济负担，而且败坏教育风气，必须下大力气规范整顿。

近年来，教育主管部门为学生减负，先后印发了《中小学生减负措施》（减负三十条）和《关于规范校外培训机构发展的意见》，从校内教学、作业布置、考试评价以及课外培训时长等方面，作出"严格依照课标教学""严控书面作业总量""坚决控制考试次数""采取等级评价方式""控制培训时间"等规定。2020年5月，教育部又出台了《义务教育六科超标超前培训负面清单（试行）》，对义务教育阶段语文、数学、英语等科目超标超前培训内容明确给出负面清单，为各地规范面向中小学生的校外培训机构的培训行为提供依据。可是，"增负"乱象屡禁不止。内容上超前超纲，方式上应试刷题。部分校外培训机构以由难到易的套路式教学，让学生在短期学习中获得揠苗助长式的"成功"，满足家长急于求成、望子成龙的心理。部分家长生怕自己的孩子输在起跑线上，不顾孩子的特点盲目跟风，引发"全民学奥数""一周七天都要上培训班"等问题。

校外培训机构超前、超纲、超时授课，而且有市场、有需求，说明它迎合了部分家长对于考试和分数的崇拜。但它进一步加剧了家长的焦虑，破坏了正常教学秩序与教育生态，违背了教育规律与学生的成长规律。对于处在义务教育阶段的中小学生来说，过多、过重的校外培训已经成为学习负担难以减轻的重要原因之一。

要击破"校内减负、校外增负"这一教育怪圈，必须多方用心用力打好组合拳。一是从需求方着力，引导家长理性选择，不盲从、不焦虑。打破"唯分数论"的观念，优化评价体系，淡化分数焦虑。在确保科学、公正的前提下，对学生成长进行学习态度、学习品质、课堂表现、课后作业完成情况等方面的全面记录，让家长更关注学生的身心健康、全面成长。二是从供给方着力，学校要提高课堂效率与学校教育质量。从课堂教学、作业布置、考试频次等方面着手，向课堂要效率、要质量，以此减轻学生的课堂与作业负担。针对有需求的学生，有关部门可以出台相应文件，鼓励学校在课后提供有针对性的教学服务，通过组织兴趣班等活动，满足学生个性化和差异化的需要。三是从监管方用力，加强管理、依法治理、标本兼治、系统推进。建立校外培训机构"先证后照"制度、完善校外培训机构监管制度和线上培训机构备案审查制度。鼓励培训机构发挥技术手段、兴趣与特长培训等方面的优势，引导其提供学校教育之外的特色化、差异化服务，使其真正成为学校教育的补充。另外，还要堵住某些优质学校用变相考试、竞赛等办法招生选拔的途径，从根本上斩断校外培训机构与中小学校招生的关联。

2021年3月，教育部等六部门联合印发《义务教育质量评价指南》（以下简称《评价指南》），从评价内容、评价方式、评价实施、评价结果运用、组织保障等方面对义务教育质量评价提出了工作要求，明确了质量评价的指标体系。同时，《评价指南》要求强化中小学校在课后服务中的主渠道作用，严格按照规定控制作业总量，规范面向中小学生的校外培训和社会竞赛活动。加强校内管理与校外规范综合管控，切实减轻学生的校内外负担。相信《评价指南》精神和内容的全面贯彻与落实，能够引导全社会逐步树立正确的教育观和成才观，为孩子的全面发展营造良好的教育生态。

教师的认知应该与时俱进

最近读完上海市民办平和学校校长万玮先生的新著《教育者的认知升级》，自我感知和认知有升级，主要体现在以下三个方面。

其一，学校管理的三大本质：搭台、成长、赋能。

作者开篇引用日本著名企业家稻盛和夫的"六项精进"经营理念，以此来映照教育管理者可以从中获得的感悟。这六项精进理念是：（1）付出不亚于任何人的努力；（2）要谦虚，不要骄傲；（3）每天要反省；（4）活着，就要感谢；（5）积善行，思利他；（6）不要有感性的烦恼。为此，教育管理者要秉持三个原则：与人为善，助人为乐，成人之美。教育的力量不在于急，而在于缓；不在于说，而在于做；不在于噪，而在于静。《大学》有言："知止而后有定，定而后能静，静而后能安，安而后能虑，虑而后能得。"

万校长预测，未来职业成就和个人的满足将越来越多地取决于设计感、故事力、交响力、共情力、娱乐感和意义感。

在书中，万校长引用罗振宇老师的演讲内容，谈到世界上有三种类型的教育：工业化教育、口传心授的教育以及博雅教育。其中口传心授的教育是古代的师徒制，博雅教育则是很多人向往的教育形式，而现在的中国基础教育属于工业化教育。从工业化教育转型为博雅教育，我们还有很长的路要走。

其二，写作的三大心法：价值感、结构感、对象感。

写作，是当前中小学教师的短板。很多教师以没有时间写、不会写、写了没什么用为由终年不提笔写作。万校长在书中谈到刘润老师有关写作的三大心法：价值感、结构感、对象感。

所谓价值感，就是要想清楚你的文章能给读者带来什么价值。结构感指的是作者在构思一篇文章的结构时不是基于自己想怎么写，而是关注读者会怎么读，主要包括"起承转合五步法"：（1）场景导入；（2）打破认知；（3）讲述核心逻辑；（4）举一反三；（5）回顾总结。对象感指的是我们写文章的时候，一定要想象对面坐着一位听众。如果进入了我不是在写文章，而是在跟对方交流的境界，那离写出好文章的目标就不远了。

其三，教育研究的三只眼：蚂蚁之眼、蜻蜓之眼、飞鸟之眼。

日本教育家佐藤学认为，教育研究应有三只眼，它们分别是蚂蚁之眼、蜻蜓之眼和飞鸟之眼。这三只眼对应的正好是微观、中观和宏观。蚂蚁在草丛中爬行，熟悉青草的味道，能感知土壤的湿度。普通一线老师贴地行走，看待教育的眼光就是蚂蚁之眼。蜻蜓虽然飞不高，但是它能看到一片草地的生态，对草地有相对全面系统的把握。学校管理者看待教育的眼光就是蜻蜓之眼。飞鸟视野开阔，它们既能发现草丛中的一只野兔，也能看到草原的尽头是什么。教育专家看待教育的眼光就是飞鸟之眼。好的教育者必须同时具备这三只眼。

法国著名思想家、教育家卢梭曾说："什么是最好的教育？最好的教育就是无所作为的教育，学生看不到教育的发生，但教育却实实在在地影响着他们的心灵，帮助他们发挥了潜能，这才是天底下最好的教育。"李希贵校长告诫我们：孩子永远不会成为你希望的样子，他们只会成为你的样子。因此，育人先育己，做好自己就是最好的教育。养成终身学习的习惯，严格规范自身的言行举止，才是真正的育人。

面对"问题学生"教师该有的反思

当下，中小学生自我伤害仍是一个令人痛心的话题。这些花朵过早凋零，最终让家庭痛苦不堪、社会唏嘘不已，也冲击了教师职业的平静。从学生自我伤害事件中，教师应该警醒。我认为，身为教师，要从以下三个方面作出反思。

其一，做到目中有人。几千年来的望子成龙意识和几十年来愈演愈烈的应试教育行为，让教师内心无比纠结。虽然绝大多数教师都明白"成人比成才重要"这个道理，可是，学校教育如果不去迎合家长的现实诉求和社会的功利目标，将被怀疑它存在的必要和价值。虽然教育改革一直在路上，可至今仍然没有跳出"考考考，老师的法宝；分分分，学生的命根"的怪圈。社会评价一所学校的重要标准之一就是向上一级所谓的好学校输送了多少"优秀"的人，至于这一次毕业的所有学生，他们的心理、性格和品德如何，没有多少人提起。在这样的氛围之下，很多教师"目中无人"，只有分数，甚至将每个学科的考试分数作为这个学生的唯一标识，而现实是，教师眼前的学生是一个个鲜活的生命，一个个知识在增长、身体在发育、性格在形成、精神在丰盈的生命，说错话、做错事是这群人身上带有普遍性的"毛病"。每年总有些孩子的生命定格在了他们的童年、少年，这里面有社会、家庭等诸多因素，学校当然也是其中重要的因素之一，教师面对这些完整但不完美的"神兽"，教育过程中是急风暴雨还是和风细雨？这就看教师有没有爱心，是否真正做到以人为本，是否有走心的方式方法。乌克兰教育家阿莫纳什维利说，谁喜欢上孩子们一天到晚叽叽喳喳不停的叫声，谁就具备了成为一个优秀教师的基本条件。老师只有树立起"目中有人、心中有爱"的教育理念，才会正视并容忍学生身上存在的这些毛病，才会"手中有法"去解决这些矛盾和问题，让学生健康快乐地成长。

其二，站稳儿童立场。教育家苏霍姆林斯基说："一个好老师意味着什么？首先意味着他是个热爱孩子的人，感到跟孩子交往是一种乐趣，相信每个孩子都能成为一个好人。善于跟他们交朋友，关心孩子的快乐和悲伤，了解孩子的心灵，时刻都不忘记自己也曾是个孩子。"说得多好啊！"时刻都不忘记自己也曾是个孩子"，提醒我们在教育教学过程中要站稳儿童立场，要有一颗童心。教师不能用成年人的思维去面对儿童和他们的世界，而应该从儿童的立场、视角和思维出发去对待他们世界里的人和事。如果做不到这些，我们的某些教育活动可能会给孩子带来伤害。

我曾经举过一个这样的例子：在我国某特区，一个小学三年级的孩子写了一篇作文，文章内容说的是全家合力捕捉一位不速之客——老鼠。孩子写道：在全家老少的合围下，"不速之客"——老鼠东蹿西跳，眼看走投无路，一头撞到墙上，然后四脚朝天，"不省鼠事"。教师在看到"不省鼠事"一词时在这个词的下面用红笔批注：没有"不省鼠事"这个词，只有不省人事！家长看到老师的批注后不乐意了，将此事投诸报端，当时还引发一场争论。是"不省鼠事"好还是不省人事好？如果怀揣童心，联系所述场景，立足儿童文化，当然是"不省鼠事"好啊！老师看到学生创造性地使用语言文字，应该大大地表扬鼓励才对啊！可为什么会出现这样的判断呢？这是成人文化长期浸润头脑之故。教育家陈鹤琴先生早就对类似的问题提出批评，他说："常人对于儿童的观念之误谬，以为儿童是与成人一样的……有所不同的就是儿童的身体比成人小些罢了……我们为什么叫儿童穿起长衫来？为什么称儿童为'小人'？为什么不准他们玩游戏？为什么逼他们一举一动更像我们成人一样？这岂不是说明我们以为儿童有同成人一样的观念吗？"因此，拥有一颗童心，站稳儿童立场，尊重儿童文化，应该是教师的基本职业素养。

其三，具备多元视角。2020年的常州金坛小学生坠楼事件，焦点集中在语文教师对学生作文的批改上，自媒体上多数文章认为，是袁老师在学生作文本上写上"传递正能量"的批注，伤到了十岁孩子的自尊。而袁老师之所以写上"传递正能量"五个字，是因为这个学生在一篇题为《〈三打白骨精〉读后感》的作文里，写了这样一段话："这篇故事告诉我们：不要被表面的样子，虚情假意伪善的一面所蒙骗。在如今的社会里，有人表面看着善良，可内心却是阴暗的。他们会利用各种各样的卑鄙手段和阴谋诡计，来达到自己不可告人的目的。"

我不想在"正能量""负能量"这样的词上做文章。我想说的是，教师要回到"儿童立场"上来，不用成年人的一个标准、一把尺子去衡量，而用多元视角去看待、评判一件事物，这样也许能让师生心宽。大家都熟悉这么一个案例：在一次小学生的语文考试中，有试题为："雪化了变成什么？"结果一个学生答道："春天。"这是一个富有想象力和艺术性的回答，结果被教师判错，因为标准答案是"水"。还有一个教例，老师在课堂上问："树上有五只鸟，被人用枪打死了一只之后，树上还剩下几只鸟？"一个学生答道："还有三只。"老师大惊，忙问："你怎么知道的？"学生说："鸟爸爸被打死了，鸟妈妈吓得飞走了，剩下三个孩子还不会飞。"这也是一个充满情感而又十分现实的回答，结果被老师批为"胡思乱想"。常州金坛坠楼小学生说道:"不要被表面的样子,虚情假意伪善的一面所蒙蔽。"只要联系《西游记》中的相关章节和人物,就会确定书中有被伪善蒙蔽的情况。老师应该想到这是众多学生中的一种看法并允许它存在,而不应该简单粗暴地用学生还不太理解的词或话语去批评。课堂内外教师要千方百计保护学生的好奇心和创新意识,因为这是我们今天的教育最为稀缺的东西。

学生的情况千差万别,我认为教师在教育教学过程中应做到目中有人,站稳儿童立场,具备多元视角,如此,自己的职业生涯或许能轻松些、顺畅些。

控制还是赋能？

众所周知，哪怕是一所只有几名教职工的学校，也会有管理者和被管理者之分。作为管理者，我认为需要经常思考学校管理的本质是什么、什么是好的学校管理等问题。

在有的学校管理者看来，管理就是控制。据媒体爆料，某省有一所中学近来实行"教师全程随班办公"的模式。该学校负责人称，这样做，是要打破传统的师生学习和办公的空间藩篱。学校通过"一拖二"的办公室与教室的特殊改造，在每个教室后部设有班主任办公室，班主任通过办公室窗户能够近距离随时观察每位学生，在办公室随时掌握班级动态，全面了解学生的学习兴趣、听课状态、自学习惯等，第一时间发现学生存在的问题，及时有针对性地解决问题。同时，还可以了解各位教师每堂课的教学准备情况、课堂态度及驾驭能力。

请大家设想一下这样的场面：当一个个学生面对教师们的"前后夹击"，正襟危坐于教室，会有什么样的表现呢？美国教师雷夫·艾斯奎斯曾形容这样的课堂："大多数教室都被一种东西控制着，那就是害怕……教师怕丢脸，怕不受爱戴，怕说话没人听，怕场面失控……学生更是害怕，怕挨骂，怕被羞辱，怕在同学面前出丑，怕成绩不好，怕面对父母的盛怒。"毫无疑问，因为有了"第三者"的介入，恐惧必将在课堂内进一步延伸。

长此以往，会影响学生自主学习能力的提升。因为班主任的存在，学生在课堂上的表现也会存在诸多的顾虑。想提问者，因为担心"幼稚"而噤若寒蝉；想回答问题者，因为害怕"失误"而三缄其口；想和同学讨论者，因为担忧"扰乱课堂"而百思不得其解；想用心思考者，因为担心开小差而不得不直视教师或课本。如此瞻前顾后，导致顾不上认真听讲，顾不上独立思考，顾不上自主合作探究，从而影响学生的学习效率，影响学生创新思维的培养，影响学生个性的张扬，影响学生独立人格的养成。随着课堂恐惧氛围的加剧，学生的学习越来越压抑，课堂也就逐渐失去了让学生成为思考者的本质！

长此以往，还会影响教师正常水平的发挥。每一个教师都有着自己独特的教育教学风格，也有着自己的教育教学智慧。因为有了严密的"监控"，教师的引领会不知不觉地趋向成人化，会更多地顾及第三者的感受，原本是一堂面向全体学生的课，却因为教师在同伴面前的"表现"，课堂越来越有教师个人表演的趋势，教师越讲越深奥，学生越听越模糊，同伴越听越迷茫。身在课堂中的教师，不能不顾及班主任的存在，一些有可能引发学生思考和讨论的话题和活动，因为有了课堂后面的那一双眼睛不得不中止，毕竟谁也不愿意在同伴面前"失态"和"失控"，因为有了这些顾忌，教师也难以发挥自己真正的水平。

随班办公，看似是一种加强管理的办法，实际上是一种控制式的手段，它将影响学生自律能力的提升。课堂因为有了班主任的介入，学生似乎规规矩矩而"用心学习"了，然而，学生的生活不只是在课堂，且不说凭空增加的工作量让班主任老师难以承受，班主任能保证时时刻刻都紧盯着学生吗？

好的教育管理，应该为教师和学生赋能。上海知名校长万玮在他的专著《学校管理的本质》中说道："好的学校管理会让每一名教职工有幸福感，这种幸福感来自自我价值的实现，即便是最平凡的岗位，也能连接时代的使命与人生的意义。"河北知名校长王福强在他的专著《为师生赋能》中明确指出：引领师生走向自律与自觉，这是一种更高明的管理。孩子在一个地方跌倒，让他自己爬起来，这样孩子就不会在这个地方跌倒第二次。同样，孩子在课堂上出现了问题，让孩子自己用心去思考问题所在，总结经验，吸取教训，这样孩子就不会在课堂上犯类似的错误了。中学生已经具备较强的是非观，稍作引领，学生很容易迷途知返，让学生在自我认识中规范自己的行为，从而理解自由和规则的真正内涵，更能提高学生的自律能力。

严密监控，说到底还是一种不信任师生的表现。管理者对教师对学生的不信任在很大程度上还会引起教师对学校领导的不信任，以及学生对教师的不信任。在这种不信任的氛围里，很容易滋生教师和学生的逆反心理，有可能导致课堂规矩课后不规矩、校园规矩校外不规矩行为，这是一种治标不治本的管理。

被誉为"现代管理学之父"的德鲁克曾说，管理就是激发人的善意和潜能。如果学校管理者认识到这一点，就不会用控制的手段来强化管理，而会考虑最大限度地为师生赋能。如何使管理卓有成效呢？德鲁克列出了五大策略，这就是时间管理、聚焦贡献、发挥长处、要事优先和有效决策。他强调：如果每个人都把卓有成效作为最高工作标准，那么，即使是一群平凡的人，也能做出不平凡的事。

中小学教育还是多一点守正好

创新，是社会进步的动力源泉。这是人类社会几千年文明演进过程得出的结论。没错，近二百年来的科技创新，让人类社会进入了一个全新的阶段。像"上九天揽月"这样的理想都变成了现实，于是，像中国这样一个后发大国，各行各业对创新的渴求前所未有。

具体到中小学教育，是应该守正多一点，还是创新多一点好呢？作为一名基础教育领域的老兵，我认为，中小学教育还是多一点守正好。

回顾几十年来我国中小学教育走过的路，在这方面教训是深刻的。如"文化大革命"期间，学生去学工、学农、学军，文化学习被弃至一边，结果这般"创新"的结果是产生了大量的新文盲。实际上，教育自有它的规律和确定性，如果无视它们，一味跟风与附势，最终结果绝不是创新，而是折腾。苦了老师和学生，害了教育。

进入新世纪后，当时的党中央根据国内外实际情况，审时度势，提出了"两型社会"（资源节约型、环境友好型）建设目标，同时针对各级一味追求 GDP 的情况，提出了"绿色 GDP"的概念。这些都是构建和谐社会的有力措施，对扭转当时发展中的不良倾向起到了决定性作用。可当时不少教育行政部门和教研部门跟风附势，提出建设"两型学校"，对学生的评价也附上"绿色评价"字样。还每年搞验收评奖，弄得中小学忙于造假，学校领导和教师怨声载道。有校长曾私下对我说，这"两型学校"中的"两型"就是乱弹琴呀！真让人无语。几年过去，这所谓的"两型学校""绿色评价"烟消云散了，这样的"创新"有意思吗？有意义吗？

当下，党中央根据社会发展和形势变化，在经济领域提出了"新质生产力"的概念。没多久，一些教育专家就跳出来大谈学习心得，把这个新词套在教育上。于是，"新质教育""新质学校""新质教研""新质教师"等概念相继出现。我担心教育主管部门要求发展"新质教育"，建设"新质学校"，组织众多"新质"评奖会。如果真是这样，那这又够学校领导和老师们忙了。

教育必须在遵循自身规律的基础上推陈出新，而不是根据一些专家发明的新词去反复折腾。中小学教育还是要少些低层次、无效的创新，而应更多倡导守正。守什么正呢？在借鉴国外好的经验的同时，先继承我们的祖先遗产吧。别的就不多说了，就守好教与学这两方面的正：

教的方面：有教无类，因材施教，寓教于乐，教学相长。

学的方面：学以致用，学而时习，循序渐进，持之以恒。

"淫哇逸荡"之词可以休矣

70多年前的1951年6月,《人民日报》发表题为《正确地使用祖国的语言,为语言的纯洁和健康而斗争!》的社论,指出:正确地运用语言来表现思想,在今天,在共产党所领导的各项工作中具有重大的政治意义。2021年5月,《光明日报》发表题为《正确使用祖国语言文字,共建健康语文生活》的时评,强调:在新时代的语文生活中,我们要以积极、健康为准则,区分通俗与粗俗,区分有贡献的真创新与无端求异的假创新,保障当代汉语生态系统健康发展,不断提升国家语言能力、国民语言能力。

的确,正确使用好祖国语言文字,这不仅是语言学家、语文工作者的使命,也有赖于社会各界共同为之努力奋斗。不要以为"淫哇逸荡"只是个人用词习惯或是很小的文风问题,明代思想家王阳明将它提到误国误民的高度。如何拒绝"淫哇逸荡"之词,净化祖国语言,共建文明美好的语言生活,我有以下三点建议:

第一,满怀对中文的敬畏之心。有学者指出,每一个汉字都是向人展开的一张笑脸。因此,我们要对中文满怀敬畏之心与真诚之情,说好话、写好文章。其实,在中国的传统文化里,对话语或文辞的浮靡一直保持着警惕。比如围绕"文质之分""名实之辨",历史上的争论就从来没有停止过。到了明朝中后期,随着经济的发展,在人们的口语和文人的笔下,"淫哇逸荡"之词日益泛滥,社会上也出现了"嫉伪"和"反朴还淳"的呼声。当时的思想家王阳明先生,更是直言不讳地将"虚文胜而实行衰"视为社会动乱的征兆与根源。并明确指出，著述者对社会乱象负有不可推卸的责任："天下所以不治，只因文盛实衰。人出己见，新奇相高，以眩俗取誉，徒以乱天下之聪明，涂天下之耳目，使天下靡然争务修饰文词，以求知于世，而不复知有敦本尚实、反朴还淳之行，是皆著述者有以启之。"我认为，王阳明的话不是危言耸听，一个时期乃至一个时代的文风，对整个社会肌理的侵蚀与影响是巨大的，我们绝不可小觑这个问题。

第二，力戒"天下文章一大抄"。现在有一个很不好的现象，就是语言表述固化，缺乏创新和鲜活的表达。在平时的交往或行文中，空话、假话和套话满天飞，叫人很是不爽。有些报刊好多文章就一个腔调，要从里边找到几个鲜活的词句，真的要有"吹尽黄沙始到金"的勇气和耐心。难怪有人大声疾呼：敬惜字纸！

出现这种情况的原因是多方面的，但有一点却是肯定的，那就是写作者自身学习不够。毛泽东就曾告诫我们："语言这东西，不是随便可以学好的，非下苦功不可。第一，要向人民群众学习语言。人民的语汇是很丰富的，生动活泼的，表现实际生活的。我们很多人没有学好语言，所以我们在写文章做演说时没有几句生动活泼切实有力的话，只有死板的几条筋，像瘪三一样，瘦得难看，不像一个健康的人。第二，要从外国语言中吸收我们所需要的成分。我们不是硬搬或滥用外国语言，是要吸收外国语言中的好东西，于我们适用的东西。……第三，我们还要学习古人语言中有生命的东西。由于我们没有努力学习语言，古人语言中的许多还有生气的东西我们就没有充分地合理地利用。当然我们坚决反对去用已经死了的语汇和典故，这是确定了的，但是好的仍然有用的东西还是应该继承。"看来，我们不是要写成文章让别人去学，而是要先学习好再去写文章，这样才不是"文抄公"，文章才值得别人学习。

第三，做到"我口说我心，我手写我心"。心里怎么想，嘴上就怎么说，笔下就怎么写，这是写作者应该遵循的规律。可现实中却不那么简单。稍加罗列，我们就会发现，现在有些人和有些文章，一是故作高深。比如一个原理、一件事情，本来简简单单，可在有的专家笔下却变成了深不可测的东西，一番专业、非专业的表述，让你"丈二和尚摸不着头脑"。二是大水漫灌。一篇文章，本来两千字就能把观点表达清楚，作者却东拼西凑非要把它拉长到五千字、八千字甚至一万字以上，读这样的文章真有被作者"谋财害命"的感觉。三是逻辑不清晰。有的文章上来就是一、二、三、四、五点，或拼凑着讲究对仗，以词害意。有的文章根本就没有逻辑可言，通篇下来，没有明确的观点，没有围绕观点铺开的富有逻辑的论述，而得出的结论只有一个：就是好！还不容置疑。

毛泽东最痛恨空话连篇、缺乏条理的文章，在《反对党八股》一文里，他把空话连篇当作党八股八大罪状中的第一条。他说："我们有些同志欢喜写长文章，但是没有什么内容，真是'懒婆娘的裹脚，又长又臭'。为什么一定要写得那么长，又那么空空洞洞的呢？只有一种解释，就是下决心不要群众看。因为长而且空，群众见了就摇头，哪里还肯看下去呢？只好去欺负幼稚的人，在他们中间散布坏影响，造成坏习惯。"我们在平时的交往中应少说空话、套话，少打官腔，尽量说别人一听就能懂的话，多说接地气的话；写文章应该有层次，符合逻辑，充满思辨和智慧，让别人看而能懂，学而有得，应该是每一个使用祖国语言文字者尽力追求的目标。

中小学课题研究重在实用

每到学期末，各中小学又进入了比平时更忙碌的时期，特别是那些有课题的学校和教师，这个时节大概率要迎接各级、各类课题的检查和结题，忙得不可开交。

现在，教师如果不做课题，那是明摆着要吃亏的。因为，无论是上级的评先评优，还是申报高级职称，都明确规定要有课题方面的资料。你不做课题，那这些就与你无缘，于是，国家级、省级、地市级以至县（市、区）这四级的课题，当以千计、以万计，充斥各地中小学校。一线中小学教师，有时会不由自主地被各级课题裹挟着，倾注大量的时间和精力。问题是，这些课题价值何在？连设计课题的人也难以说清楚。随着一个课题的结题、评奖结束，它的价值也就终结了。试问，新中国成立70多年以来，有哪几项课题在全国范围内得到持续研究、推广，最终价值连城、硕果累累？恕我孤陋寡闻，这样的课题少之又少！千千万万的课题在消耗了教师的时间和精力后，其价值如浮云。真是得不偿失、劳民伤财啊！

特别让人费解的是，省、市、县这三级，除了教科院（教研中心、教研室）这样的业务部门主业是搞研究、做课题外，其他部门（如信息中心、装备站）也做课题，还有大学也做课题，省、市教育学会等学术团体也做课题。以前我在朋友圈里看到一个名为"教育科学研究工作者协会"的组织也在做课题。真是五花八门、数不胜数啊！

为什么有那么多的机构热心做课题呢？原来教育行政部门有要求。

最近听一位专门管理课题的同志说："省教育厅最近有一个通知，要在'十四五'期间打造教育强省，于是出台了一个名为打造'三千工程'的文件，并且准备拿三千万元来落实这个文件。这里的'三千'指的是四年里在全省打造一千所中小学名校，一千个中小学名师名校长和一千个中小学课题。三千万就是每项斥资一千万元。"我听罢，神情有些恍惚。这样下指标、搞突进的做法是不是又回到了以前那个特殊的时代？教育是慢功，像这样急功近利、堂而皇之的"打造"，太匪夷所思了。省一级的教育主管部门出台这样的文件，将会有多少学校、校长和教师趋之若鹜，置教育规律和教学基本常识于不顾，而只会照着文件规定去安排自己的工作，然后想方设法挤进这"三千"而获得名利，这样做将给全省基础教育带来灾难性的后果。

中小学的课题研究重在实用。我在一个县教育局分管教学教研十年之久，明白课题研究对教师的成长是有帮助的。在职时，我曾大力号召教师们做课题。不过，我对教师们做课题的要求是服务教学、成就学生，即平时说的"将教学中的问题作为课题去研究"，号召教师们多做小课题研究，多做行动研究。

时至今日，我还是坚持中小学教师应该把以下内容作为课题去研究，这样的课题研究才有价值、有意义。

一是回到课堂。课堂是古人所说的"传道、授业、解惑"的主渠道，是我们今天所讲的培养核心素养和关键能力的主阵地。作为教师，面对课堂，底线是不能轻慢它！要做到这一点，那就得花时间和精力去研究课标、研究教材、研究教法与学法。把这些研究透了，掌握好了，教师每天走进教室，才能有底气，才能左右逢源、游刃有余。

二是回到学生。不应付学生是教师工作的又一条底线。首先，教师必须树立正确的学生观，承认学生是一个个活生生的、独特的人。其次，要了解学生的知识基础和精神需求，了解学生成长的家庭背景，这是教师必备的基本功。最后，要落实因材施教，对不同的学生所显露出来的不同问题，因人施策，并且掌握好奖惩尺度。真正做到在教师的帮助下，每个学生都能抬起头走路，每个学生每天都在一点一滴地成长。

三是回到自身。首先，必须承认教师也是现实生活中有七情六欲的人，在性格、脾气、心胸及知识积累、专业技能等方面都有这样或那样的不足和缺陷。人非圣贤，孰能无过？其次，教师最应该具备的是反思能力。作为为人师表的教师，只有经常研究自己，反思自己在教书育人过程中的种种不足，才能提高教学的质量。最后，用心过一种以读写为伴的生活，通过不停地读、写让自身精神明亮，以此来照亮学生，并能俯下身子听同人的建议、听学生的意见，自以为非、闻过则喜、勉力改之。如此，用不了多久，这样的教师一定会受到学生的喜爱。

现在提得最多的是给学生减负，但实际上给教师减负更是迫在眉睫。各级教育行政和教研部门，要想方设法引导教师把时间和精力用在以上三个方面的研究上，让教师少做些貌似主题宏大，实则不着边际的课题研究，这就是替教师减负的一项得力措施。

辑二

好教师

从追求课堂教学效益中来

谁在教育方面最有话语权？

时至今日，教育仍然是热门话题。无论是官媒、自媒，还是聚会、闲聊，人们都在自觉不自觉地拿教育说事。不可否认，教育确实存在诸多问题，可遍览各路媒体，看到的多是一些早已脱离教育一线的专家在发表长篇大论，或是一些毫无教育背景的官员在谈论教育应该如何如何。不是说专家和官员不能对教育发表看法，而是他们的很多看法多为不切实际的"鸡汤"和空谈，对教育的改变缺乏有效的指导作用。

谁在教育方面最有话语权？我认为，是每天在校园里接触学生的教师！只有他们，才能真切感受到当下教育的难点在哪里，痛点是什么。只有他们，才能想出符合实际的办法来解决难点、消除痛点。因此，把教育的话语权交给教师，让教师站在教育园地的正中央显得特别重要。

怎样才能让教师在教育方面有话语权呢？

首先，各级领导要让出平台。作为管理一个区域或一所学校的领导，在各种会议和活动中，不要一刻不停地对台下的教师说教，而且说来说去无非是那么几句，不能那样必须得这样。其实，对教育教学的理解，一线教师未必比领导知道得少。作为领导，你今天的会议是"一碟盐白菜"，明天的会议又是"盐白菜一碟"，农村有句粗俗却很在理的老话："剩饭炒三次狗都不吃。"教师面对翻炒多次的"剩饭"，如何不生厌恶之情？须知，教师心里最敬佩的领导是那些善解人意、业务过硬的人。因此，各级会议，我们的领导能不能在简单明确布置工作后，把主席台让给一线教师，让他们走上台来谈谈对教育的理解，现实中他们是如何做的，有什么样的效果？长期坚持让教师站在教育园地的正中央，教师们自会从心里生出对教育的认同与敬畏，自会有满满的职业获得感和成就感。

其次，各路专家要不耻下问。不可否认，教育界确实有一批关注社会发展，联系教育实际认真研究的专家学者，他们为教育教学提出过很好的建议和意见。但这支庞杂的队伍里，也不乏所谓的专家，就是教师们所说的"专门骗人之家"。这样的名师、专家、学者，他们的业余生活是在各种会议、讲课、报告中度过的。他们或因上课博得名声，或有几篇文章被大家关注，于是到处传经送宝，在学校的日子越来越少，在课堂的日子也越来越少，在报告厅的时间却越来越长，开会的时间也越来越长。更有一些名师、专家与学者，去攀附比自己名声更大的学术权威、行政权贵，以期获得更大的名声和利益。自己之前积攒的一些教育教学认知，随着时间的流逝而被冲刷得干干净净。他们的报告大多变得年年岁岁"一样一样的"。更有甚者跟风媚上，上面一提教育家精神，于是在各种场合大谈特谈，我就想问一句："你自己具备了教育家精神吗？"既是名师、专家、学者，那就应该理解"高手在民间""群众是英雄"的道理，多回望自己的来时路，多沉下去做点调查研究，多向一线教师学习请教。只有这样，才能确保自己的学术生涯很长很长。

最后，专业报刊要一视同仁。我曾经要求科任教师至少要订阅两种学科专业报刊，但有的教师反映，现在很多专业报刊被一些名师、专家甚至是领导"霸屏"了，用的文章多为约稿。一线教师要发表一篇文章比登天还难，很多时候，向专业报刊投稿基本上是"泥牛入海无消息"。考察不少报刊的发稿现状，发现确实存在这个问题。诚然，不少专家、领导的认知水平确实高于一线教师，但不是所有的专家、领导的认知水平都高人一等，也不是所有的一线教师的文章都质量低劣，不值得刊发。这里有一个认知问题，如果我们的专业报刊编辑心存服务教学、服务教师的意识，对专家与一线教师的来稿一视同仁，甚至对一线教师高看一等，厚爱一层，把报刊办成一线教师抒真情、写实事的园地，那么就会想方设法，披沙拣金，从教师的来稿中寻找那些沉淀在文字中的对教育教学的真知灼见，然后和作者交流沟通，帮助作者完善文章以至发表。如此，那真是善莫大焉！

很多人都认识到，教育的问题不仅是教育内部的问题，它还涉及社会的方方面面。如何着手解决这些问题呢？不妨从之前的领导怎么说、专家怎么说，转移到教师怎么说上来吧。赋予一线教师更多的话语权，也许，教育真会出现大家所期望的样态。

"关键少数"与"绝大多数"

——浅谈如何提高教育教学质量

提高教育教学质量，这是一个亘古不变的话题。特别是教育行政部门的领导，担负着为官一任造福一方的重任，总是想方设法让教育教学质量在自己任上提高再提高，这本身没有问题。问题是，从何处着手来提高教育教学质量，有些做法就值得商榷了。有的教育局为此进行各种调研、研讨活动，没完没了。我的一个在外省做中学校长的朋友吐槽道："近年我县教育教学质量有下滑趋势，局领导心急如焚，召集学校负责人一个接一个座谈会开起来，一年时间里都开了八次了。"听得出来，朋友所在地的教育局领导对教育教学质量很是在意，并以为抓住学校负责人这个"关键少数"，通过一次又一次的会议总能取得一些效果。我对此并不乐观。

我认为，提高教育教学质量是一个综合课题，其关键在于教师！作为一个区域的教育管理部门，不仅要抓"关键少数"，更要发挥教师这个"绝大多数"群体的关键作用。理解教师、看重教师，让他们尽职尽责，教育教学质量的提高应该是指日可待的事。

那么，怎样才能发挥教师这个"绝大多数"群体的关键作用呢？

一、教育行政部门要真正成为教师的"娘家"

作为一级教育管理机构的教育局中的职员，从局长到科员，都要把"服务"两个字放在心头。服务教学、服务教师是教育局所有成员的职责，而不是对下面的管理者和教师"管、卡、压"，不是一年到头各科室排着队学校检查这个检查那个。频繁下到学校会影响学校正常的教学秩序，很多时候不入校也是对学校的充分尊重和最大支持。

如果教育局的所有成员都具有强烈的服务一线的意识，一方面，向上争取教师应该享受的物质待遇和应得的各种荣誉，让教师们在社会上体面地生活，有尊严地工作，另一方面，在自己的职权范围内，想方设法地帮助教师解决工作和生活上的一些问题，特别是堵住一些"进校园"的项目，切实为教师减负，让教师从非教学事务中解脱出来，他们就会从心里认同教育局这个"娘家"，就会把时间、精力用在教育教学上。教育局和教师这般相伴而行，提高教育教学质量就有了扎实的基础。

二、学校负责人要真正成为教师的"贵人"

从现实情况看，目前我国中小学负责人绝大部分都是从教师中提拔上来的。因此，作为一个学校的负责人，千万不要忘记自己曾经也是一名教师。在处理工作中的问题时，要换位思考，想想如果我还是教师，我会是什么态度。要利用自己的职权和能力，鼓励教师把主要精力用在教育教学上，并帮助教师解决工作中和生活上的困难。这样一来，很多矛盾就能在平和的氛围中得到化解，教师们就能心情舒畅地从事教育教学工作。

要知道所有教师都有成为好教师的愿望，作为负责人，首要的职责就是为教师的成长搭台，激活教师身上的精气神，让他们感到你是良师益友。经常鼓励教师通过在"台上"历练，一步一步地走向成熟和成功。在教师成长的路上，负责人要成为台前坚定的支持者、台下忠实的观众和路边积极的鼓掌者。面对学校里各种类型的教师，负责人要因材施策，对那些比较成熟的教师，负责干部要勇敢而自信地喊出：你有多大的本事学校就给你搭建多大的舞台！对那些成长比较慢的教师，负责人要学会等待，要有意识地引导他们正视问题，学会反思，努力学习，取他人之长补自己之短。对那些心地善良而又个性鲜明的教师，学校负责人要有宽广的胸怀去接纳他们，认真听取这些有个性的教师对学校的管理、教育教学等方面的意见和建议，须知忠言逆耳利于行，这些教师往往是学校变革的中坚力量。

三、教师要真正成为令人敬仰的"师表"

叶圣陶先生曾说，教师的全部工作在于为人师表。那要如何才能做到呢？

首先，教师对自己所从事的工作要有高度认同感和使命感。柏拉图说，一个民族只有最优秀的人才有资格做教师！要不辜负这份优秀，那就必须有为民族、为国家未来的强盛而教的责任担当。校园内外，教师都应给人以"师表"的美好形象，时时牢记立德树人这个教育的总目标，以培养全面和谐发展的人为己任。教师有了这份使命感和责任担当，加上从教育行政部门到学校都齐心协力为教师创设良好的教育生态，教师成为提高教育教学质量的关键因素也就有了保障。

其次，学校要明确：教师最起码的师德就是不应付课堂、不轻慢学生。课堂是提高教育教学质量的主阵地。怎样才能做到这两个"不"呢？作为学校管理者，要鼓励教师把工作的重点放在课堂教学上，切实做好三个研究：研究"课标"和教材，研究学生，研究教师自己的长处和短板。课堂是让学生发生变化的系统，是学生生成学习结果的地方。怎样的课堂是高质量的呢？那就是学生发生了更好、更多、更快的变化，产生了丰富的、高质量的学习结果。反之，活动形式再丰富、学生参与度再高、课堂氛围再好，如果学生从知识上、思维上、能力上、情感上、素养上没有发生什么变化，那也不是一节好课。

最后，教师要明确：课堂就是把学习目标转化为学习结果的过程，教学过程和学习过程都是为实现学习结果服务的。不能离开目标，孤立地谈教学方法、学习方式的好坏；不能离开目标，孤立地谈任务、活动与情境设计的优劣；不能离开目标，谈"教学评"的一致性。教师在课堂上做到了目标与过程的一致性，提高教育教学质量就有可能成为现实。

要提高一个区域的教育教学质量，光抓"关键少数"，开各种管理者的会议是不够的。关键是各级管理者要沉下去见教师，帮助教师排忧解难，依靠教师这个"绝大多数"群体，让他们一心一意想教学，聚精会神抓质量。如此，才算牵住了提高教育教学质量的"牛鼻子"。

请还原教师"人"的本位

2024年9月10日，是我国第40个教师节，我想起这几十年来经常出现在媒体上的话："百年大计，教育为本。教育大计，教师为本。"这短短的16个字，道出了教育是千秋伟业，而教师在民族复兴和国家富强的过程中起着无可替代的重要作用。

的确，教师在人类社会发展中有着不可替代的作用。正因为如此，国家层面、社会层面历来对教师的要求非常高。封建社会里，"天地君亲师"五个大字被做成牌位摆放在很多人家的厅堂正中央，并以此拿来说事：你们为师者可得好自为之啊，我们都把你们刻在牌位上来敬奉起来了。社会发展到今天，教育已经成为绝大多数人都能享受到的社会福利，教师队伍也成为公职人员中一个最庞大的群体，我们应该自觉放弃那并无实际意义的虚位，挣脱那固化思想的枷锁，轻装上阵，作为一个实实在在的"人"出现在社会生活中。

近年来，随着党和国家对教育事业的重视，教育教学条件得到不断改善，进而对中小学教师的要求也在不断提高，这也属于正常现象。关键是有些说法不太切合实际，一会儿要求教师要有"大先生样范"，一会儿要求教师要有"教育家情怀"。一些专家兴奋不已，在各级报刊撰文，大谈什么是"大先生"与"教育家"，并以此来要求普通教师。这真有点"站着说话不腰疼"。

我不怀疑这些人的美好愿望，要知道，作为一位普通教师，他们的政治地位低、经济状况差、社会影响小，他们内心最原始、最真实的想法是当好教书匠，凭良心教好书、育好人。诚如陶行知先生所教导的那样：千教万教，教人求真；千学万学，学做真人。以文化人、以人育人，培养出适应社会发展的人。

其实，教育只是七十二行中的一个行业，从事这个行业的人——教师，也是生活中的普通一员，他们身上有着现实生活中所有人的优点和不足。国家、社会、家庭对教师过高的要求与作为普通人的教师所展示的能力水平是一对不易调和的矛盾，可能会长期存在于现实生活中，这就是双方都不满意的原因所在。只有还原教师"人"的本位，让教师们作为现实生活中活生生的人出现在社会上、学校里，与同样活生生的学生一起享受教育教学生活，我们的教育才会显示出生机与活力。

教师是现实生活中的普通人，有着所有普通人的七情六欲和理想信念。要包容他们的不完美，体察他们的苦衷。有人把从事的工作分为职业、事业、志业三个层面，志业是最高的工作追求。我们不妨先要求教师把从事的工作当作职业看待，等他们对所从事的工作有了认同感、获得感，再去要求他们把教育当作事业、志业。就目前情况来看，作为一名教师，首先能做一个"教书匠"也是不错的。能引导学生喜欢所教学科，落实好国家课程，就值得赞扬。行有余力再去尝试将国家课程校本化，从而发挥其全员育人、全面育人的功效。其次是不轻慢课堂、不应付学生。这个要求是还原教师作为普通人的本位的生动体现。在师德方面，不提虚的、让人难以评判的要求，鼓励教师把上好课作为良好师德的具体表现。最后是写好自己的教育故事就是最好的教育科研。在当前的教育评价中，存在重课题而轻研究与推广的倾向，一线教师申报高级、特级教师，都有某个级别的课题作为硬性条件，这实际上是上级行政、教研部门权力滥用的结果。对于中小学教师，我们最要倡导的是让他们把教育教学中的问题作为课题加以研究，少做那些大而无当的课题。特别倡导他们经常反思日常工作中的得失，写好自己的教育故事。经年累月，久久为功，他们会觉得平凡的日子里有不平凡，这种获得感会帮助他们走出职业倦怠，每天以饱满的热情、蓬勃的朝气走在学生中间。

让教师放弃"天地君亲师"的虚位，走下"大先生""教育家"的高位，还原作为"人"的本位，是我这篇短文的基本观点，是我作为一个经历了 40 个教师节的教育老兵的感想。教育是实功，来不得半点花拳绣腿，必须鼓励教师以真实的情感、扎实的功力去面对。如果过一段时间就有一些大话、一些新词出现，让为师者云里雾里、无所适从，那只会影响教育这一千秋伟业的正常发展。

你是学生讨厌的老师吗？

　　每位教师都有成为好教师的意愿，教师本人及所教学科都希望得到学生的喜欢。可是，在平时的教育教学中，教师的一些行为不知不觉会让学生心生不满，久而久之竟成了学生讨厌的人。

　　教师的哪些教育教学行为会被学生讨厌呢？请收好自查。

一、不守时

　　此前学校课间十分钟的事引发媒体广泛的关注。一个简单到不能再简单的常识之所以会出现这样的状况，可见现在的学校"卷"到了什么程度。学生不能享受课间十分钟，这一方面是学校从安全等角度考虑带来的结果；另一方面也有教师的原因，有的老师很享受自己作为"讲师"的角色，四十分钟时间没讲完讲够，还要继续讲。教师不守时，突出的表现就是拖堂，完全不顾学生的生理、心理需求。多年来，我关注教师教学中拖堂问题，发现在所听到的课中，有五分之一的教师存在不按时下课的问题，有拖堂三五分钟的，更有甚者拖到下一节课的老师已经站到了教室门口。有的教师对拖堂不守时不以为然，还美其名曰：都是为了学生多学点东西。其实，下课铃声响起，学生的注意力就不在课堂了，他们在等待着下课，好去喝点水、上厕所，好去和同学玩游戏，或者找同学聊学习以外的话题。老师不守时的毛病，会让学生感到恼火和失望，长此以往，学生们就对这样的老师产生厌恶感。亲其师才能信其道。学生有了这种情绪，就会由不喜欢这个人转而不喜欢这门学科，如此，教师的教学就艰难了。

二、失公允

孔子告诫为师者应该"有教无类"。可时至今日，还是有教师在教学中差别对待眼前的学生，而且喜欢或厌恶之情溢于言表。如对学习成绩好、听话、长得好看些的学生高看一等，厚爱一层，平时与之谈话轻言细语。对学困生、有自己想法的学生、长相一般的学生就不闻不问，动辄恶语相向。有这样一个故事在学生中广为流传：一个教师去检查班上学生晚自习的情况，发现一个平时学习认真又听话的学生捧着一本书在打瞌睡，他走到这个学生跟前，举起他手中的书对全班同学说，你们看，这位学生打瞌睡了还在看书，真是了不起啊！值得大家好好学习。说话间老师发现另一个学生也在打瞌睡，他走到这个学生面前，抢过书来在这个学生头上拍了拍，愤怒地对全班同学说，你们看这个家伙有救吗？一看书就打瞌睡！全班同学对这个老师有失公允的行为敢怒不敢言。相信他们内心对老师这样的态度是无法接受的，他们会把这样的事放在心上一辈子。

三、太严肃

一些教师无论是在课后还是在课堂上，总是板着脸，太过严肃，不苟言笑，好像不如此不能体现"师道尊严"。教师这样做，实际上是在拉开师生之间的心理距离，让学生敬而远之。须知，好的师生关系是教育教学的前提和关键！一位年届九十的全国优秀教师退休后，写了近百万字的反思录。其中谈到这么一件事：一次参加学生们毕业后组织的聚会，尽管自己的工作得到了学校领导、同事和学生们的认同，可在聚会时学生们见到他除了礼节性地打个招呼外，就没有几个学生留在身边和他交流，学生们拥到另外一位老师身边，说笑不停。餐后，一位学生送他回家，路上，这位优秀教师忍不住问起这个事。学生也不掩饰了，坦诚地说："老师您当年的认真负责我们都知道，我们从心里感激您。只是感觉您课上课下太严肃了，我们心里畏惧呢。自从上学后，我们在家里看到父母是一脸威严，到学校见到您又是一脸严肃，心里无处放松呀！那位老师就亲切得多，性格随和得多，我们都愿意接近他，和他打成一片呢。"这位优秀教师最后写道：如果来生再做教师，我一定不让学生感受到我严厉有余而亲切不足。我要用心经营好师生关系，实现多年师生成为兄弟姐妹的愿望。是啊，老师面对学生，实际上是面对一个个朝气蓬勃的生命。当你站在讲台上面向学生，眼前所见是不是一朵朵含苞欲放的鲜花？

　　一个老师终其一生的愿望是做学生喜欢的老师。如果在平时的教育教学中能够做到守时、公允和随和，那应该离学生喜欢不远了。

"最不好教"的孩子最难得

有这么一个故事：

在英国剑桥大学，有一天，哲学家罗素问同行穆尔："谁是你最好的学生？"穆尔毫不犹豫地说："维特根斯坦。"罗素不解地问："为什么？"穆尔回答："因为，在我的所有学生中，只有他一个人在听我的课时老是露出迷茫的神色，老是有一大堆问题。"

后来，维特根斯坦的名气超过了罗素。有人问："罗素为什么落伍了？"维特根斯坦说："因为他没有问题了。"

在我们中小学的不少课堂里，经常会遇到这样的情况：

老师通过一番精心的讲解后，总是自觉不自觉地问学生："你们听明白了吗？""还有没有问题呀？"当学生回答"明白了""没有问题了"后，老师满心欢喜地宣布"下课"，满意地离开了教室。

把一群活泼可爱的孩子教得沉默寡言，让他们来到学校不久就闭上那双好奇的眼睛，这是我们绝大多数中小学校的教育现状。

好奇心是与生俱来的被外界刺激触动的心理状态，是求知欲和创造力的发动机。儿童的好奇心是生命成长的内在冲动，但是这种好奇是珍贵而不稳定的。一些孩子的好奇心一开始就得到很好的鼓励和引导，在好奇心的驱使下，这些孩子常常产生强烈的探求欲望，表现出积极的情绪状态，对这个未知的世界，他们不停地观察、不停地提问、不停地思考，在这种情况下，他们的学习变得愉快而有效。

教育，就是要留住这珍贵而又易逝的好奇心！

在一个人生命的早期，好奇心是最强烈的。这个时候要求我们的家长给予充分的时间和自由，在不加干涉的前提下像保护自己的眼睛一样保护好儿童的好奇心。

来到学校，教师的教育教学行为成了学生好奇心发展的关键。

孩子刚进学校，对学校里的一切都充满好奇，面对这个新奇的世界，他们会提出千奇百怪的问题。这些问题也许与老师的教学毫无关系，也许会经常打断老师的正常教学，如果我们的老师对此表现出冷漠、不耐烦，有时甚至是讥笑、指责。久而久之，课堂是安静了，孩子是被你控制住了，他们循规蹈矩地跟着老师走，但他们不是去追求探究的愉悦感，而是去揣摩老师心里的标准答案。他们学会了接受，学会了言不由衷，学会了掩饰自己的内心，也许，他们成了家长心目中的"好孩子"，成了老师心目中的"好学生"，但好奇心、创造力已经遗失日久，他们成了一群没有问题的人。

最近读到一篇题为《最好教与最难教》的文章，说的是来中国支教的南非教师尼尔，以一道相同的智力测试题检测中国孩子和美国孩子，最后得出结论：中国孩子最好教，美国孩子最不好教。这道题是：树上有10只鸟，开枪打死了一只，还有几只？中国的孩子们只有一个答案：都吓跑了，一只也没有了。而在美国，孩子们不直接回答，他们反而以种种问题反问尼尔老师。有的说，打鸟犯法，这道题的真实性存在吗？有的说，是单棵树，还是多棵树？有的说，鸟儿都有听觉吗？都能飞吗？有的甚至说，"还有几只"是指剩在树上的、树下的还是周围空间的？孩子们的这些问题都关系到答案的准确程度。文章由此得出结论："最好教"的孩子其实最难教。所谓"最不好教"的孩子，由于他们爱发问、爱思考，并非"糟糕透了"，而是"最难得"。这个故事告诉我们：教育中没有问题才是最大的问题。因为，这些没有问题的孩子长大后走进社会，需要他们发挥创造力的时候，他们却发现被无形的绳索捆住了心，已经没有创造力可言了。

这，不仅是一群孩子的悲哀，更是一个民族的不幸！

如果，我们每位老师都有尼尔的清醒和自觉，在日常教育教学活动中，愉快地接纳每一个孩子的好奇心，用爱去激活一个个对未来充满向往的可爱生命，我们就有理由相信：在不久的将来，我们能很好地解答"钱学森之问"。

学校必须旗帜鲜明地坚持以教学为中心

学校坚持以教学为中心，这是一个常识问题。为什么还要将它拿来说事？是因为一段时间以来，中小学校里的领导和教师疲于应付名目繁多的检查评比，教学工作退居到次要位置。怎样才能让学校旗帜鲜明地坚持以教学为中心呢？

一、教育主管部门要随时随地"言"教学

学校工作有些本末倒置的情况，作为政府最高管理部门的教育部不可谓不知情，几年前就发文要采取一切必要的措施给学校和老师减负。后来，教育部又印发了《关于开展基础教育"规范管理年"行动的通知》，对开展基础教育"规范管理年"行动的工作目标、规范整治重点、实施步骤、健全工作机制等方面提出了明确要求。若能按照通知精神落实到位，则学校教学工作或可能进入正常轨道。

具体到县（市、区）教育局，如果局领导及所辖科室都能够做到大会小会把教学工作放在首位，下到学校检查也言必谈教学，则学校领导和教师定能知晓教学在所有工作中的突出地位。管理学有个著名的悖论：不去干扰管理对象就是对它们最大的支持。有句谚语耳熟能详，即"用人不疑，疑人不用"。管理部门既然决定了让某某人做校长，就要充分相信他（她）会尽力带领老师们把教育教学工作做好。

在制订评价方案时，管理部门要把教学质量作为评价中的关键指标，赋予其应有的权重。在教学质量上做到赏罚分明，则学校和老师

就会有更多的获得感和成就感。需要说明的是，这里说到的质量不仅是指学科考试的成绩，还包括了作为一个完整的人的核心素养和关键能力。

二、学校校长要里里外外"忙"教学

校长是学校的灵魂人物，他的言行直接影响学校的发展。他们多是从教学一线脱颖而出的优秀教育人才，在他们走上学校领导岗位后，面对纷繁复杂的迎来送往和五花八门的活动检查，不少校长像陀螺一样忙个不停，很多时间精力被沉重的形式主义负担所耗费。因此，减轻中小学各种负担，要从减轻校长负担入手，要让校长里里外外为教学奔忙。

校长忙于教学才能体现出自身价值。很多中小学校长曾是教学骨干或带班能手，具有相当出色的教育教学能力。担任学校领导后，如果还能坚持从课堂中来，到课堂中去，则是学校、教师之幸。一旦校长丧失教学真本领，其威望停留在一张任命文件上，就很难得到教师的衷心拥戴。校长忙于教学才有提高办学质量的可能。学校管理的关键是人的管理，立德树人必须以身示范。校长不沉湎于形式事务，杜绝以文件落实文件，以会议贯彻会议，才不至于使学校深陷于时髦花样、报表材料与检查评比的泥淖，教师才不会将教学变为"副业"。如此，既有益于教师专业精进，也有利于办学质量提升。校长忙教学才不会耽误学生。学校做到不热衷于花样文章或迎来送往，就不会耽误孩子们的宝贵学习时间、耗费孩子们的大好学习精力，从而让学生健康成长。

让校长忙于教学，在工作中完善和构建符合规律与规范有序的教学管理机制。让校长做该做的事，实现校长忙于教学的彻底转变，让教育回归本源。

三、学科教师要心无旁骛"专"教学

课堂是培养学生核心素养和关键能力的主阵地，是教师与学生共同成长的舞台。教学的本质是有规律的双边活动。首先，教师通过有计划、有目的的教学，引导学生探索未知的世界，激发学生对知识的渴望，培养他们的思考能力和解决问题的能力。其次，课堂是培养能力的舞台。学生通过课堂活动，不仅锻炼了语言表达能力、团队合作能力、创新思维能力等基本能力，还培养了自我管理能力、决策能力等高级能力。这些能力的培养不仅有助于学生的个人发展，更有助于他们适应未来的社会。最后，课堂是情感的交流场所。通过课堂活动，教师与学生建立起深厚的情感联系，他们互相尊重、互相理解、共同成长。

所有教育人特别是学科教师只有充分认识到课堂的价值，才能真正做到不轻慢课堂，不应付学生。为此，学校要提供条件和机会，让教师们少被各种教学以外的事务缠身，不被一些宏大叙事的课题研究所迷惑，把平时在教学中遇到的问题提炼为一个个切实的小课题加以研究，这样，才能确保教学的有效性。同时，学校要求教师确立"课比天大"的观念，在课堂上用真情、做实功，不搞花拳绣腿，引导教师把时间和精力集中到研究课程标准和教材、研究学生和研究教学方法及策略上来。要求教师精心备好每一节课，用心上好每一节课，留心批好每一次作业，诚心辅导每一位学生，做到备课全面、讲解精练、训练得法、指导到位，最大限度地提高课堂教学质量。对上了好

课的教师给以应有的地位和待遇，并提醒教师在工作中遇到与教学冲突的事情时，首先是把课上好，然后再去完成其他事务。

教育是国家的百年大计，中小学是教育的根基。根基不牢，地动山摇。如何厚植根基？关键是所有教育人都要旗帜鲜明地坚持以教学为中心，将纷繁复杂的教育工作删繁就简，让学校所有工作围绕教学这一中心展开。如此，我们才能有足够的高素质人才去建设现代化强国。

教学中的第一要务及其他

日前，收到一个青年教师的微信，诉说自己在教学中的苦恼："我辛辛苦苦备课，可到了课堂，学生木然地看着我，很多时候一言不发，让人很是挫败。"我对这位教师认真负责的工作态度给予充分肯定，然后说了我对教学的一些看法。

近年来，有关高效课堂的研究与讨论持续不断，这个招、那个法让人看起来热闹，学起来却很难。我认为，如果没有对教育对象也就是学生的深入了解，即使你有千招万法，你的课堂也不可能高效。这正如经营学里所常见的情况一样，你不了解客户内心的真实需求，一味地在他面前说你的产品如何的好，客户会动心吗？会买你的产品吗？相反，客户会把你当作卖膏药的江湖骗子，内心里会觉得你在他面前表演跟小丑一般。

因此，我认为教学中的第一要务是了解学生，掌握学情。如果要我给教学中所要解决的问题做一个排序，我会这样来排：第一是了解学生，第二才是选择方法。

第一，了解学生是做好教学工作的前提。首先，要树立正确的学生观。苏霍姆林斯基在他的著作《给教师的建议》中开篇就告诉我们：没有一个学生是抽象的！的确，学生是一个个有血有肉、有情有义的活生生的人而非容器。有了这样的认知，在工作中我们才能真正做到"目中有人"，而且这个"人"在父母心里是独特的"这一个"，在教师的眼里和心中，也应该是与众不同的"这一个"，这就要求我们落实好两千多年前孔子制定的"因材施教"的教学原则。其次，从整个"人"发展的角度去了解他们，了解他们的知识水平、心理素质、个性特征。要做到这些，就必须走到学生中间去，走进他们的心灵，成为他们的朋友和学习伙伴。很多优秀教师都有这样的体会：课堂不仅是知识场，更是情感场。教师要走向学生就不要太把自己当教师了，最好是忘记教师这个身份，把自己变得不像老师。那要像什么呢？像他们中间的一个诚实可信的朋友。学生的需求和性格都是在无拘无束的交流与沟通中了解的，只有掌握了这些，教学时才不会出现"对牛弹琴""盲人摸象"和学生一言不发的情况。最后，了解学生家庭教育背景。家庭教育缺位是当今基础教育的一个普遍情况，学生的很多"毛病"都与家庭教育缺失或不当有关。有的教师发现了学生在学习和生活上存在不良习惯时，总是试图以个人的力量用发脾气、讲道理或刻意感动的方法去教育学生，殊不知，这三种方法被思想家、教育家卢梭视为最无用的方法。最好的方法是与家长及时沟通联系，家校联手来解决学生身上存在的问题。

第二，选择合适的方法是做好教学工作的关键。在所有的知识里，有关方法的知识最重要。面对一群嗷嗷待哺的孩子，教师是直接把食物送进他们嘴里还是告诉他们自己获取食物的方法呢？古人有言："授人以鱼不如授人以渔。"当然，选择方法也要因学科而异，比如语文学科，叶圣陶先生早就说过，读是语文教学的第一大法。当青年语文教师面对一篇课文苦于找不到好的教学方法时，建议就以读为主，引导学生以各种阅读形式自由自在地、轻松愉快地读。大诗人苏轼有诗云：旧书不厌百回读，熟读深思子自知。教师们要有这样的认知：学生的能力素质不是教师讲出来的，而是学生自己学出来的。比如语文成绩，学生在考试中能获得高分，主要是他自己精读博览、善于思考和勤写多练的结果，教师不能贪太多功劳。学习之路上，教师的作用是指明方向，教给方法。当然，"条条大路通罗马"，学习的方法千万种，且因人而异。关键是与学生商量，落实课程改革所倡导的原则：以学定教。让他们找到最适合自己的学习方法，这样的学习肯定是有效乃至高效的。

"裸读"：教师专业成长的基石

——以于漪老师为例

当今互联网背景下，信息资源呈井喷态势，教育教学也不例外。网络确实像一座取之不尽的矿山，为教师们的教育教学提供了许许多多的资源，教师们不再囿于那些纸质的教学参考资料。要教学，上网络，于是，有的教师把网络上的信息资源奉为圭臬，照搬照抄，拿来就用。我曾作为教育管理者下到中小学检查教师们的备课情况，每次都发现有教师特别是一些青年教师从网上整本、整册下载现成的教案。看到这种情况，我自然而然地想到了对我的教育教学有着潜移默化影响的上海市语文特级教师于漪老师。每次检查后反馈座谈时，我都要跟学校领导和教师们提起于漪老师。

于漪老师生于 1929 年，她 1951 年毕业于复旦大学教育系。长期从事中学语文教学，1978 年就被评为语文特级教师。她曾获得全国劳动模范、全国教书育人楷模等称号。2018 年，于漪老师荣获改革开放 40 周年"改革先锋"荣誉称号，是基础教育领域里唯一一位获此殊荣的教师。她秉持"一辈子做教师，一辈子学做教师"的信念，在语文教育领域进行了全方位的探索实践，成就是多方面的，本文只说说于漪老师在备课方面的经验——"裸读"教材，夯实专业的基石。

我大学毕业于 20 世纪 80 年代初，那个时候没有互联网，书店里也没有整本的教案买，教师备课可作参考的资料很少。我那时仅有一本从学校教务处领的，对教材解析的《教学参考书》，每天，我把这本参考书上的相关资料抄到备课本上，算是完成了备课任务。一个偶然的机会，我在一本语文教学杂志上看到了于漪老师的文章，她谈到了自己的备课经验。原来，于漪老师可不像我一样只是满足于扮演一个"搬运工"的角色，把教学参考书上的资料搬到备课本上，然后又把这些东西搬给学生。我现在还记得，我是在浑身冒汗、无比羞愧的状态下读完于漪老师的文章的。读完后，我下定决心向于漪老师学习，也像于漪老师那样，"裸读"全部中学语文教材，仔细研究每一篇课文，认真备好每一堂课，教育教学终于越来越受学生欢迎。

一、"裸读"：从"陌生的书"中找到了"真挚的情"

于漪老师大学里学的是教育学，毕业后来到中学任教，中学可没有教育学这门学科，她服从学校安排教语文。学教育学的人教语文，其中的专业差异是显而易见的。于漪老师没有畏难，更没有退却，而是愉快地接受了语文教学的任务。

从哪里入手来做好语文教学工作呢？于漪老师找来了当时的语文教材，开始了不借助任何参考资料的自学："裸读"。于老师深谙苏轼"旧书不厌百回读，熟读深思子自知"的道理。面对一本本陌生的书，她开启了一丝不苟的"裸读"之旅。一遍遍课文读下来，一篇篇课文赏析、读书笔记写出来，文章里有她自己的感受和独到的见解。之后，她才去寻找相关资料比照，看哪些是自己想到了、看到了而参考资料上没有的，哪些是参考资料上有记载的而自己没有想到、看到的，哪些自己和参考资料上的表述显出"英雄所见略同"。就是凭着对教育事业的热爱、对学生的真情，凭着自己的钻劲、韧劲，于漪老师"裸读"完初中、高中两个学段的全部课文，写出好几大本阅读文章。通过这样的"裸读"，她收获了对初高中语文教材的内容和体系的全面了解，收获了与教材中的各类人物建立起来的真挚情谊。因此，她还未走进课堂就信心满满。等走进课堂，她已胸有成竹。她把自己的阅读体验转化为学习内容，带领学生去欣赏祖国语言文字的美妙，用风趣的语言"黏"住学生，并以此浸润正在成长中的学生的精神情怀。有人用"以情启理，理中蕴情；缘文释道，因道解文"来概括于漪老师的教学风格，我认为是非常准确的。

二、"裸读"：由"单篇的文"想到了"整体的人"

通过"裸读"，于漪老师牢牢把握了语文学科内容与育人大目标相融合的大方向，把学文与育人看成一件事。在她心中，"文"与"人"本来就是合一的，是不可分割的整体；而且，这种"文"与"人"的高度统一性，是语文学科的真正价值和独特的功能所在，在义务教育诸多学科中，唯有语文学科独有。她坚持认为教师要有教文育人的意识。她说："教师的视野不能只局限在文，教文须服从于育人的大目标，为这个大目标服务；也只有心中有活泼泼的一代新人的生动形象，想得远些，想得深些，才能站在高处认识培养和提高学生语文能力的重要意义，才会在培养学生掌握与运用祖国语言文字的过程中渗透时代的精神，才不至于把语文教学的这样那样的活动只单纯做技术上的处理。"

于漪老师发表于 20 世纪 90 年代中期的论文《弘扬人文，改革弊端》，首次提出了"语文学科作为一门人文应用学科，应该是语言的工具训练与人文教育的综合"的观点。她的这一观点，对当时吵得沸沸扬扬的语文学科"工具性"与"人文性"性质之争，起到了"一言九鼎"的作用。数年之后，语文学科课程标准出台，在"课程性质"

部分，正式表述为："工具性与人文性的统一，是语文课程的基本特点。"于漪老师对"两性统一"的认识，是对当代语文教育教学的重要贡献。于漪老师最可贵的品德是不断叩问自己："我一辈子的课，有多少是上在黑板上的，有多少是教到学生心中的？"为了把更多的课教到学生心中，她坚持"学生是教育第一立场"的教育本质观，始终坚守着把人放在教育教学的中心，教文育人，导人成长，促人发展。她说道："我们办学校，最大的功绩是在学生身上体现，学生德智体美劳都发展了，这就是教育的价值和意义。老师最最重要的，就是要有一双敏锐的眼睛，善于发现孩子的优点，每个孩子都是可塑之才。"

三、"裸读"：不仅关注作者的动机，而且揣摩编者的意图

一个教师如果只安逸于从网上下载现成的教案，只满足于从公开出版的、现成的教案上摘抄一些资料作为教案走进课堂，那他（她）不可能成为学生喜欢的老师。语文教师特别是青年教师一定要有"裸读"的意识和行动，并在此基础上精读、深读文本。也就是说要沉潜于语言文字的深处，触摸作者的心灵，揣摩编者的意图。不仅要关注作者"说了什么"，还要关注作者是"如何说的""为什么要这样说"；同时，要细心研究在浩如烟海的文章中，编者为什么把这篇文章选入教材，从而根据教学目标、从学情出发，挖掘课文的教学价值。确定课文的教学价值，有赖于语文教师自身的意识和素质能力，唯有教师从课文中读出自己的见解，把握住文章精要，才有可能找到它的教学价值。而且，从师生共同细读文本中也能明晰教学价值。在教师的指导下，师生在与文本的对话中，理解文本的言语内容，欣赏

文本的言语形式，感悟文本的精神内涵，获得思想情感的滋养和语言运用的练习等等，这些也都是文本的教学价值所在。

于漪老师几十年的教育教学生涯都在实践着"教文育人"观，为了让自己的课留在学生心中，于漪老师一辈子都在"裸读"教材，用自己独特的眼光去触摸作者的心灵，去揣摩编者的意图。有人总结出于漪老师的"备课智慧"：她对每一篇课文都要做到三次备课。第一次备课，她不参考任何文献，全按个人见解准备方案；第二次备课广泛查阅，分类处理各种文献中的不同见解，然后修改教案；第三次备课边教边修改，在实践之后再度修改教案。由此可以看出，于漪老师辉煌的教育成就，始于持之以恒的"裸读"。

于漪老师特别强调教师的专业素养，她说："一个人能不能气象万千，归根结底取决于思想的高度、情怀的广度以及文化的积淀。"思想、情怀、文化都应该是教师不可或缺的东西。每个教师都梦想自己能"气象万千"，在课堂上，能够左右逢源、游刃有余。要做到这些，请好好学习于漪老师，从"裸读"教材开始。因为"裸读"是语文教师专业进步的基石。

多些微创新，落实语文新课标

2022 年 4 月，新修订的《义务教育课程方案（2022 年版）》颁布，其中提出"加强课程内容与学生经验、社会生活的联系"，"加强课程与生产劳动、社会实践的结合，充分发挥实践的独特育人功能"，倡导"做中学""用中学""创中学"。这些要求表明新时代课程育人的内涵和质量观发生了深刻转变。那么，如何将要求落实到课堂教学中？很多教师心存疑惑，不知道从哪里下手。

此前，《现代金报》上的一则新闻，引发语文教育界热议，能给我们不少启发。据报道，在浙江省宁波市海曙区第十届语文课堂节上，呈现了两堂别开生面的初中语文课。课堂上，一位老师从"写一篇苏轼的微信推文"这一任务出发，引导学生梳理苏轼生平，并运用"比读"策略，让学生分小组讨论苏轼不同时期人生态度的异同。另一位老师创设了"化身竹林七贤，发一条'弹幕'"微项目情境，引导学生提炼一则优秀"弹幕"所需要具备的关键词。

语文教学的改革，一言以蔽之，还是坚持守正创新。守正，就是守住立德树人的根本底线，守住语文学科的特有属性和育人价值，追求文以载道、以文化人。创新，就是让语文学习与生活真正相融，不断更新语文学习的情境、拓宽语文学习的渠道、整合语文学习的内容。总体来看，就是让语文学习与时代紧密接轨，不断更新语文教学方式、优化辅助学习的技术、提升语文学习的质量与效能。

工具性与人文性的统一，是语文课程的基本特点。在这两堂语文课上，教师在指导学生时注重思维、注重迁移、注重提高学生解决实际问题的能力。这种大单元教学所呈现出来的教学内容的整体性、系统性、结构化，正是语文新课程标准的价值追求之一。它很好地印证了"语文学习的外延与生活的外延相等"的理念，诠释了语文课程是一门学习国家通用语言文字运用的综合性、实践性课程。

面对新形势新要求，必须变革课堂样态，回归育人本位，不断探索与实践，以新、奇、趣、美的思维激发创新意识，为学生的终身发展打下坚实的基础。为此，教师应在以下三个方面着力：

一是全面理解学科核心素养的内涵。在教学准备时真正做到以人为本，树立正确的教师观、学生观、教材观。同时，打开思路，联系生活和学生的兴趣点，建立课程意识，研读教材，为落实学习目标做好各项准备，真正实现教师的主导地位。

二是学习相关理论和研究。情境创设、任务活动设计是新的教学理念和方式，也是大多数教师比较陌生的教学方式。教师要尽可能地学习相关的理论和研究，把研究成果吸收转化，关注生活、关心时代发展，让学生在真实情境中完成任务并习得知识和技能。

三是尝试多种课型相互结合的教学方式。要突破过去较为单一的教学课型的束缚，采用丰富多样的课型。在语文教学中，可以将单篇文本教学、群文阅读教学、整本书阅读教学等不同课型有机结合，这样有利于全面培养学生的阅读素养。当然，在追求创新时，既要避免出现不符合生活实际的假情境和假任务，也要厘清学科边界，防止出现脱离语文学科性质的学习行为。

该给整本书阅读降降温了

近年来，中小学语文教学中有关整本书阅读的研究与探索持续不断，现在各类官方、非官方组织的教研活动中，"整本书阅读"的策略分享与课堂展示成了标配，更有不少活动，专门研究整本书阅读的问题。

整本书阅读是语文教学的应有之义，进入新世纪后，我国基础教育第八次课程改革颁布的义务教育和高中语文《课程标准》，都提到让学生多读书、读好书、读整本的书，现在大家对这块内容重视起来，未尝不是一件好事。确实，读整本书，就学生而言，可以更好地激发阅读兴趣，养成阅读习惯。可事情怕就怕矫枉过正，按照国人喜欢赶时髦和凑热闹的习惯，事情不做则已，做起来就难以把握好分寸。比如这整本书阅读，《课程标准》未颁布之前，基本上处于少有人"问津"的境地，现在一经倡导，就一拥而上，全然不顾现实教情与学情了。我视野有限，没有全面掌握当下有关整本书阅读的资料，但从我读到的一些文章、著述来看，很多专家把这个事情弄得太复杂了。比如，有的专家一篇文章就抛出整本书阅读的20多个策略，有的专家预言整本书阅读是阅读教学的发动机。有的老师又把这事看得太简单，我听过很多次整本书阅读指导课，老师的指导，内容上多停留在介绍作者、书本内容、故事梗概和主要人物等方面，方法上则告诉学生拿到一本书后，如何从封面看起，一直看到封底，如此这般。这样的整本书阅读指导犹如煮出来一锅"夹生饭"，只会败坏学生读书的胃口。难怪统编语文教材总主编温儒敏先生出来说话了。此前，温先生在一次题为《"三新"背景下的教师业务水平提升》的演讲中讲道："整本书阅读，我觉得搞得太热了，是不是泼点冷水啊？需要一段时间的实践和思考。我的理解，整本书阅读不是新东西，传统教学，四书五经也都是整本书，20年代都有单篇教学。古代汉语读三遍《左传》，比现在学两年古代汉语要强。整本书阅读的目标，是拓宽读书的视野，形成自己读某一类书的方法。"

温教授的话值得我们认真思考，阅读教学必须高度重视，但不必言称整本书阅读，动不动就给人家在这方面支着。作为一名中小学语文教师，在指导学生阅读这个问题上要有定力，不要以为一提整本书阅读就是"与时俱进"了，一提单篇文章的阅读就怕别人指责是"碎片化"阅读。学生的阅读有一个从无到有、由少到多的渐进过程，对于小学生、初中生而言，丰富多彩、数量充足的单篇文章的阅读是整本书阅读的基础，是成长路上的基石。没有一定量的单篇文章阅读，整本书阅读也就成了无源之水，无本之木。没有量的积累怎会有质的提升？没有"反三归一""质从量出"的足量的单篇文章阅读，那种设想中的整本书阅读的目的意义也只是空中楼阁而已。因此，我主张在小学、初中阶段，学生的阅读以单篇文章为主，小学以寓言、童话和儿歌为主，初中以故事性强的散文、诗歌、短篇小说等为主，单篇文章力求短小精悍、图文并茂，寓情理于他们能够理解的鲜活的故事之中。这样，才能激发他们读书的兴趣，并使其逐步养成爱读书的习惯。当然，小学生、初中生单篇文章的阅读也不是什么"韩信将兵，多多益善"，这里也要把握一个度。据有关专家研究，童年、少年的阅读量，如果达到语文教材篇目的5倍，就可以实现发展语言、锻炼思维、强健精神、提升境界的目标。

我倡导小学生、初中生多读单篇文章，但并不反对他们读整本书。

实际上，对"整本书"也需要厘清一个概念：整本书就是指一本书里只有一个作者，只叙述一个故事，只表达一个主题的书吗？比如我们经常挂在嘴边的"四大名著"之类。我们现在的语文教材是整本书吗？我们阅读的散文集、小说集是整本书吗？我认为后两者也应该是整本书，因为这样的书读下来就是整本书的效果。

读整本的书，需要有一个整体规划。这个规划不能是语文老师一厢情愿地"闭门造车"，而应该是教师与学生根据课程标准的要求以及学生的阅读现状与认知水平，充分沟通后制定。没有整体规划的整本书阅读只能是"零打碎敲"，本质上还是"碎片化"阅读。因此，规划应该包括书的来源、书的量的确定和书的质的甄别等，必须贯彻"从学生中来，到学生中去"的原则，和学生商量着办。不能贪多，要根据《课程标准》和学生目前的课业负担而定，比如统编初中语文的"名著导读"每册指定必读两种书，三年下来共读 12 种（本）。规划一般以三年为限，要列出三年里的阅读书目和目标，让学生既有短期的获得感又有长远的期待感。在现有的有关整本书阅读的研究中，我比较欣赏上海余党绪老师在这方面的探索，余老师和他的团队近年来以整本书阅读为抓手，针对学生中存在的缺乏思辨力的现状，以问题为导向，着力培养学生的审辩式（批判性）思维，整体构建阅读体系，取得了很大的成绩。这样的整本书阅读，真正做到了语言与思维训练并重，可以起到"磨性子"的作用，进而达到培育毅力、涵养心智、祛除浮躁、辨析真伪的目的。

另外，整本书阅读"质的甄别"也就是书的内容的选择非常重要。试想，小学阶段就去做"四大名著"的整本书阅读指导，合适吗？他们能够理解《红楼梦》里那种复杂的政治背景和人际关系吗？而《水浒传》里宣扬的丛林法则和血腥暴力又会对他们的心灵产生怎样的影响？对于一个个心灵纯洁的孩子而言，在小学、初中这个他们成长的关键节点上，教育应该做的是全力彰显人性、弘扬人道，引导他们求真、向善、尚美，远离暴力、权谋。因此，在指导学生读整本书时，作为教师，更应该少一点经师的成分，多一点人师的品质，擦亮眼睛，准确判断出哪些书对于儿童少年来说是合适的，哪些是不合适的。做不到这一点就没有必要去跟风凑热闹，非要做整本书阅读指导这项工作不可，多引导学生读一些经典的、优美的单篇文章，同样能取得修身养性之功效，若能持之以恒读到语文教材中课文的 5 倍之多，也不失为为学生的健康成长尽心尽力了。

怎样让学生爱上你的教学？

如果一个教师不能在理解教材、理解学生、理解教学方法与策略的基础上设计与组织教学，教学中不能以激情感染学生，不能以诚实、公正、幽默、善良等特质吸引学生，没有尊重不同学生的天资与认知差异而调整教学方法，没有基于未来社会发展趋势对人才的要求不断创新教学，怎么可能让学生爱上你的教学？近读凌宗伟老师的著作《让学生爱上你的教学》，我非常认同他在书中表述的观点，那就是作为教师，要把研究课标、教材，研究学生，研究教学方法与策略作为自己最基本也最神圣的职责，唯其如此，才能让学生爱上你的教学。

一、研究课标、教材

作为教师，谁都想要赢得学生的尊重，而要真正做到这一点，关键是教师要精心备课，专注学习。你要学生好好学习，首先自己必须是一个学习者，学生总是会仰慕博学多才的老师。在教学准备过程中，教师要从教学要求与教学内容出发，通过恰当的教学活动将学生的注意力与兴趣吸引到当下的学习活动中来，使他们在一个又一个学习活动中享受学习的乐趣，获得相应的知识和相关的技能。这里提到的"教学要求"，就是要认真精读学科课程标准这一纲领性的文件，细读教材。新修订的各学科课程标准确立了课程建设的基本遵循：坚持全面发展，育人为本；面向全体学生，因材施教；聚焦核心素养，面向未来；加强课程综合，注重关联；变革育人方式，突出实践。掌握课标精神和教材内容是教师打底子的慢工细活，是教师的基本素养和必备能力。

只有在研究好课标、教材的前提下，教师才能进入备课环节。所谓备课就是备问题，说白了就是"想清楚"与"说明白"这两大问题。教学说得简单点儿，就是给学生提供及时的帮助，其复杂性则在于如何给学生提供帮助以及提供怎样的帮助。只有将这些最基本的要求烂熟于心，教师走进课堂时才能够气定神闲、游刃有余。

二、研究学生

教育要立德树人，使人成人，就要着眼于人的德行的养成，帮助每一个人立足于社会，在人与人的关系中最大成效地发挥每一个人的智能，使每个人的人生更为丰满、更具活力。所有教育教学活动的出发点和落脚点都应该是让其成为生命的活动。如此，才能使教育对象由自然人成为精神健全的人、文明社会的正常人。

研究学生包括研究他们的知识水平、性格特点和情感需求等，从教学评价的角度看，作为教师，衡量自己与他人的教学是否专业的基本标准，就是看教师能不能娴熟地掌控课堂并充分发掘每一个学生的潜能，以帮助学生一步一步地达成目标；能不能在有限的时间内有效实施教学，调动更多的学生参与其中，激发更多的学生完成具有挑战性的任务，并在学生完成挑战性任务的过程中给予有效指导，鼓励学生相互支持，及时进行反馈与评价，最终帮助学生达成学习目标。

只有具备了相应的学科基础知识，学生才能形成良好的个性和独立判断的能力，或者说，人的任何一种能力都是在一定的知识积累基础上形成的。这就有赖于教师深入了解学生、研究学生。因此，一个具备专业精神的教师必须养成观察、怀疑、探寻的习惯，给学生提供及时的帮助。要提升课堂教学质量，不仅要认真研究课程标准及教材提出的教学要求，更要研究所教的学生对即将学习的内容的知识技能储备情况，在课标、教材的要求及学生的实际情形之间权衡教学目标与要求，进而设计相关的教学活动，使每个学生在具体的学习任务中达成学习目标。

三、研究教学方法与策略

一个称职的教师不仅应该具备丰富的学识与专业技能，更应该具备敏锐的洞察力和专业的鉴别力，如此才能在课堂上快速读懂学生的需求，找准教学难点，巧妙地运用教学方法，以各种有趣、创新的方法激发学生的学习兴趣。

教学实践中教师能自觉感知到，教学起点至少有两个维度：一个是教师教的起点，另一个是学生学的起点。在实际的教学过程中，这两个维度往往不在同一个频道上。教的起点属于预设的起点，学的起点是每个学生真实的起点，只有两个"起点"合到一起，教师的教学才有可能发挥最佳效应。

教学是一种责任，作为教师必须对学生的学习负责，要很好地负起这个责任，要"以教促学"，教师必须好好学习，通过学习改变认知，改变行为。教学关系是人与人的关系，这当中首要的是师生关系，有效的教学一定是建立在良好的师生关系之上的。只有这样，才能真正落实好因材施教的原则。同时，教学从本质上讲是帮助学生养成一种思维品质，一种做人、做事、做学问的态度和行为方式。教学过程就是一个自我教育的过程：自我观察、自我审视、自我反思，不断地抛弃固有的教学认知，在教学过程中慢慢地形成自己相对清晰又相对完整的教学理解。

教师在进行学习设计时，可以遵循"审视—追踪—分析—综合评价"这一流程，从而帮助他们判断教学主张是否合理、科学。教学效果很少取决于人们使用怎样的教学工具，更多取决于施教者的教学理念与教学方式，尤其是施教者与受教者的互动形式、师生之间的关系和具体的教学环境，以及师生之间共同营造的学习氛围等。

关于教学策略，我们可以着重关注五点：一是教师的教学理念；二是教师的教学设计；三是教与学双方的行为；四是教师在教学过程中对学生的指导情况；五是教师在教学过程中对学生的反馈与评价。他还特别提到在课堂上表现"恰如其分的幽默"这一策略，他认为幽默可以使教学效率提高40%，可以改变一个班级的文化，也可以提高教学效率，能够减轻学生的压力，还能够促使学生创造性思维的发展。

教育对象千差万别，教学方法多种多样。教无定法，但教学有一定的路径和规律可循。只要我们在以上几个方面加强研究，让学生爱上你的教学就不会是一件难事。

读是语文教学第一大法

叶圣陶先生几十年前谈到语文学习的方法时，强调"必须废除现在通行的逐句讲解的办法"，既不能"满堂灌"，也不能"满堂问"，最好的方法是让学生自己"运用心力"。他用言行告诉我们：语文教学不能尽是老师"讲"，学生的语文能力和素养也不是老师"讲"出来的。而是"读"，即在老师的指导下由学生自主自由地"读"，学生的能力和素养就是在这种持续的"读"中形成的。

读，是语文教学的第一大法。

如何在课堂里体现好语文教学的"第一大法"？我认为，就是要落实叶老当年提出的精读、略读和参读相互配合的语文学习范式。因为传授任何一项技能，教师的讲授指点都只是开始而不是结束，讲授指点之后，还需要学习者多去练习，从而学会应用。这也是符合人的认知规律的，有一句话流传很广：听来的记不住，看到的难忘记，动手做学得会。中国现当代语文教材都为文选式，这种形式编者是想以之为"例子"，达到举一反三的效果，但它的局限性也是显而易见的。学生对这个"例子"再怎么精读，总会有"只见树木不见森林""一叶蔽目，不见太山"之感。因此，必须在课内提供一个条件，让学生能把教材中所学的知识应用到对其他文章和书籍的阅读中去。这就是叶老倡导精读课与略读课相结合的出发点。叶老在《略读指导举隅》里说："学生从精读方面得到种种经验，应用这些经验，自己去读长篇巨著以及其他的单篇短什，不再需要教师的详细指导，这就是'略读'。就教学而言，精读是主体，略读只是补充；但是就效果而言，精读是准备，略读才是应用。"学生在精读、略读时结合参读，夯实了根基，养成了良好的阅读习惯，走出校门后仍有持续的学习力，那么，这样的语文教学就较好地完成了它的使命。

精读的内容、方法和要求有哪些呢？内容方面，叶老认为主要是精读语文教材中所选收的单篇短什。"只因单篇短什分量不多，要做细磨细琢的研读工夫，正宜从此入手，一篇读毕，又读一篇，涉及的方面既不嫌偏颇，阅读的兴趣也不致单调。"叶老的意思是，精读就是要对教材里的一些单篇"细磨细琢"，掌握一类文章的阅读要领；同时由于进度较快，读的时候也富于变化，容易接触到各方面的知识，读书的兴趣也就能得到提高和保持。精读需要教师精心而具体的指导，比如学习方法上，就可以引导学生朗读、默读等，让语文课堂时而书声琅琅，时而思索阵阵，时而议论纷纷。精读的要求方面，叶老要求教师在指导的时候，要做到"纤屑不遗，发挥净尽"，也就是说，要通过认真预习和课堂讨论，在内容和形式两个方面给学生以具体而细致的指点，让学生咬文嚼字，仔细琢磨，努力理解每一篇课文的精髓，认真去揣摩每一篇课文的写法，从而获得读书写作的必要知识和技能。

略读的内容、方法和要求又有哪些呢？在叶老看来，略读的主要内容是读整本书。他在1943年编写的《略读指导举隅》一书中论及的书目，就有《孟子》《史记菁华录》《唐诗三百首》《蔡孑民先生言行录》《胡适文选》《呐喊》《爱的教育》等七部著作。因为，学生总是要走出校门的，他们走入社会后，基本上以读整本书为主了，如果学生在校没有读整本书的机会，或者虽然读了却没有得到教师的具体指导，那这样的教学是有缺陷的。所以为了今后的应用而设置略读课应该以读整本书为主。略读的方法有点读、跳读、"连滚带爬式"的读，叶老要求教师在指导学生略读时，做到"提纲挈领，期其自得"，即在重要的关节点上给予指点，其余让学生自己去独立阅读。略读的目的在于让学生养成读书的熟练技巧和良好习惯。

叶老用了一个通俗的比喻，以此来说明精读、略读这两种课型在指导上的区别："学生从精读而略读，好比孩子学走路，起初由大人扶着牵着，渐渐地大人把手放了，只在旁边遮拦着，替他规定路向，防他偶或跌跤。"而无论是精读还是略读，最终都是为了让"孩子步履纯熟，能够自由走路"。

还有一条真正能够让学生在阅读之路上"自由走路"乃至"快跑"的途径是"参读"。无论是精读课还是略读课，叶老都十分重视"参读"这个环节，他认为，精读文章只是一个例子，由于受课时等因素限制，例子不可能选读得太多，因此有必要在学生学习精读文章之后，让他们去读一些与精读文章"相关"的文章。他说："比如读了某一体文章，而某一体文章很多，手法未必一样，大同之中不能没有小异；必须多多接触，方能普遍领会某一体文章的各方面。或者手法相同，而相同之中不能没个优劣得失；必须多多比较，方能进一步领会优劣得失的所以然。"这些内容相近、手法相同或相异的文章，就是相关的文章。这类相关的文章，可以是因作者相同或相近的文章而延伸拓展，也可以是因题材相同或相近而延伸拓展，还可以是因写作手法相同或相近而延伸拓展，等等。运用"参读"方法，可以增加学生的阅读量，以此夯实学生人文素养。

几十年来，我国中小学语文阅读教学方面，从教材编写到课堂教学，基本上都在实践叶老有关精读、略读与参读相结合的理论。只是有些老师的课堂还是以讲为主，学生自由自主读书的时间和机会不多。近年来，有关把语文课堂还给学生、加大学生阅读量的呼声持续高涨，特别是全国使用统编语文教材后，更是把阅读放到了非常重要的位置。读，这一语文教学的第一大法，逐步回归到正位。

现行统编语文教材总主编温儒敏先生也高举加强阅读的旗帜，在各种场合频频发声，他说："语文教学的'牛鼻子'就是培养读书兴趣。在小学和初中阶段养成读书的爱好与习惯，那么也就可能打好一生发展的底子。所以新编的小学初中语文教材是很注重激发阅读兴趣和拓展课外阅读的。"他还说："我是提倡语文教学采取'1 加 X'的办法，就是拓展阅读。比如教一篇古文，连带让学生读四五篇古文。增加的'X'部分，不一定读那么精，泛读也可以的。有足够的阅读量，语感才能出来。要让学生对读书和语文课有兴趣，前提就是语文老师是'读书种子'。我主张语文老师要当'读书种子'，要有属于自己的自由而个性化的阅读空间。"温教授这些有关阅读教学方面的表态，代表了课程决策者的意愿，也是一线教师所期望的环境。这是阅读教学的回归！我们有理由相信，只要上下同心协力，叶老先生几十年前有关阅读教学的心愿就会逐步得以落实，以语文的方式推动教育的美好愿望一定能够实现。

辑三

好教师
从尊重人的成长规律中来

青年教师的教研起点在哪里？

现在的青年教师，谈起做教研都有些胆怯，很是畏难，不知起点在哪里，久而久之心中没有了教研的意识。我通过对多位青年教师入职之初的观察与研究发现，能够很快进入教学教研状态的教师，他们首先破除了教学教研的神秘感，然后沉下心来，强化学科意识，尽力了解学生，并围绕课堂教学，从下面三件事情做起，很快就找到了教研起点。

一、写好一篇读课标、读教材的心得

之所以说精读课标、精读教材是青年教师教研的起点，是因为掌握好这些内容对于入职不久的教师来说非常重要。可以这么说，一位教师没有掌握好课标精神、教材体系，犹如一个人站在沙漠里不知道哪里是绿洲的方向，虽然不停地左冲右突，可始终没能找到走出沙漠的路。没有方向感的教师，他的教学一开始就陷入茫然之中，结果只能是师生费力而不讨好，都感到无比无奈和痛苦，最终双方都失去对课堂的兴趣和耐心。

要克服这种情况，最笨但最有效的办法是从读好所教学科的课标、教材开始。这里，还是举"人民教育家"于漪老师的例子。于老师在大学里学的专业是教育学，分配到中学教书时可没有教育学这一学科，校领导就安排她教语文。她没有畏惧和退缩，而是愉快地接受工作任务。从哪里入手做好本职工作呢？于漪老师就从学习课程标准

（那时叫"教学大纲"）、"裸读"语文教材开始。她先不看已经在报刊上发表的课标、教材分析的文章和相关资料，而是找来语文学科课程标准和初、高中六年的教材，老老实实一字一句、一段一篇地裸读，而且是反复读、边读边写，留下十几个笔记本的学习心得体会。这样一轮精读细研、融会贯通下来，课标精神和教材体系了然于心，教学上就可以少些"他信力"，走上讲台，全身都是满满的自信力。

于漪老师的做法对我们青年教师的教研有很大的启发。现在有一部分青年教师，教学中过分强调"他信力"，即一开始写教案就把已有的对课标、教材的研究成果拿来抄到自己的备课本上。这般不爱思考，可能会很长时间都找不到教研的起点。还有，教师在阅读课标、教材时存在一个"读懂"和"读通"的问题。多数教师对课标、教材的理解基本上停留在读懂这个层面，即通过自学和他人（专家）辅导，对自己所教学科的性质、特点及教学中要注意的问题有了解，准备教学时能够以个人的主观感受来理解教材，课堂上能够依据本学科的某些"套路"教学，这样在传授知识方面不会出现很大的偏差。但教师仅仅止于"读懂"，思维层面仅仅止于了解或理解是不够的，必须上升到整合、创造层面。也就是说教师必须对所教内容读通，才能让所教学科在学生眼中丰富多彩，在学生心中摇曳多姿。所谓"读通"，就是能以课标和教材为依托，左右逢源、融会贯通。即在全面掌握课标精神的基础上，能够找到课标与教材的对接点和结合点，能够对教材的写作背景、材料出处、编者用意等有清晰的了解，同时还能够找出教材的缺陷与不足，掌握目前所见资料中对教材认识的偏颇。读通，就是要跳出个人的狭隘的视角，构建起一个合乎事实和逻辑的新的真实文本。

二、写好一份翔实的教案

备课是教师常规工作的重要内容之一，决定着课堂教学质量的高低，是教学的起点和基础，也是青年教师教研的起点。有人将不同发展阶段的教师备课分为三种境界：第一种境界是写在本上。这是指把教案认真地详写在备课本上。青年教师就应该老老实实把教案写在备课本上，下功夫争取每堂课的教案都详细些，这是青年教师都会经历的。第二种境界是写在书上。当工作了几年，有了一些课堂教学经验，便把需要强调的学习内容、重要的问题和关键环节写在教科书上。第三种境界是写在心上。这是对比较成熟的教师而言，他们对教材相当熟悉，具备较强的课堂驾驭能力，讲起课来胸有成竹，得心应手，能巧妙地利用课堂，引导学生思考、探索，碰撞出学生心灵的火花。到了这种境界的教师，备课是在研究教材，研究学生，是在深度解读文本，是在深度参悟教育。他们会把备课中得到的灵感、参悟出的道理、创造出的教法牢记在心，继而写成教育论文或教育专著。

关于备课及书写教案，我想举另一位于老师的例子，那就是小学语文教学大家于永正老师。于老师曾说："反正不备课，或者备得不充分，我是不敢进课堂的。"他表示，备课不等于写教案。备课包括钻研教材，搜集信息，了解学生，研究教学思路、教学方法和写教案等。写教案只是备课的最后一个环节。把钻研教材等方面的所思所得，把教学的目的要求、重点难点、教学过程和方法以及搜集到的有关教学的信息记录下来的是"备忘录"——供课前翻阅，以便把课上好。

对于教师而言，认真备课、写好教案是应该做好也必须做好的一项常规工作。当然，不是所有的教案都必须翔实，但有些教学要素是要记好的。诚如于永正老师所言，教学目标要记；教学过程要记；关键词语的处理及体会要记；老师课堂上要讲的重要的话要记；要求学生回答的问题、写的片段、造的句子，教师都要先写一写，造一造，记下来；重要的参考资料也要记下来。他还明确告诉我们，备课要从自己的实际出发，从方便教学出发，教案一定要写好。如果青年教师能够从入职之初就用心备课，写好教案，并有意识地选择教材中的一篇或一个章节而它对自己而言又有些难度——沉下心去精读教材，收集相关资料，联系学生实际，写出一篇翔实的教案，在这个过程中一定能够体味到教研中的满满的获得感和幸福感。

三、写好一个完整的教学课例

上课，这是每个教师工作的本分。学期里科任教师基本上每天都要走进课堂，日复一日的课堂带给教师本人和学生不同的感受。在这个生命场里，教师的学识、智慧和人格魅力得到充分展示，学生的生命也因此不断丰盈，这就给教师的教研提供了可能和丰富的资源。这也提示青年教师，要珍惜课堂、敬畏课堂，要把自己在课堂中展示出来的成功的或不完美的课例留下来，以期提醒自己和同人在今后的课堂教学中要发扬哪些优点，克服哪些不足。

上完课之后就把教案束之高阁，这对于青年教师来说是非常可惜的。有心人会对自己的教学设计及课堂的情况进行一番梳理，试着撰写教学课例。教学课例不等同于教学设计。教学设计是教学前教师对一堂课里教学目标、流程、方法等的预设和准备。真正到了课堂上，师生肯定会碰撞出意想不到的智慧火花，教学课例正好承载起这个使命。教学课例包括三个部分：一是教学设想。即对这节教材或这堂课教什么、怎么教、要达到什么目标等有一个简要的说明，让大家心里都有所准备。二是课堂实录。主要是再现教学过程，让他人了解怎么教的，还可以录制课堂中出现的生成情况以及师生是如何面对的。三是课后反思（小结）。即对教后的课堂进行简单复盘，看是否达到了课前的预期，教学中又有怎样的情况出现，并对整堂课的成败得失进行梳理，明确哪些问题需要进一步探讨。这样，才算是写好了一个完整的教学课例。

有人说，教学和影视一样，是一门遗憾的艺术，影视演员面对镜头的表演，之后无不感到遗憾，认为如果让自己再演一次，一定会演得更好，而实际情况是，这是不可能的。青年教师面对自己的课堂，肯定如初出道的演员一样有诸多遗憾，这不要紧，只要充分正视这些遗憾和不足，同时，选择其中具有典型意义的一节课，完整地把这节课例写下来，这对于自己的成长无疑会有很大的帮助。通观那些有成就的名师大家，他们无一例外地重视自己的课例的整理，有的还出版了课例选。

教育科研是教师提升自身专业素质和水平的必由之路。对于青年教师来说，最重要的是克服其畏难的心理，明确教研只能一步一个脚印踏实向前走。如果能够立足课堂，认真地、满怀信心地从写好一篇读课标或教材的心得、一份翔实的课堂教案、一个完整的教学课例做起，也就找到了教研的起点和方向。青年教师如果能够认识到做好这些工作的重要性，主动地走到电脑前写作，日积月累，久久为功，就能走上教研幸福之路，在这条路上迅速地成长、成熟，最终走向成功。

好教师是什么模样？

一次与一位做过 10 年教育局局长的老领导闲谈，他感慨地说道，做了那么多年局长，每年都要签发表彰优秀教师的文件。退位后反思，才觉得有些在文件里被授予"优秀"荣誉的教师根本谈不上优秀，甚至是不合格的教师。

他的话引发了我的思考，到底什么样的教师是好教师呢？我认为好教师至少应该具备以下三点。

一、引导学生喜欢上所教的学科

一个好教师应该对他所教学科的性质、整体内容做到心中有数。在课堂上，他应该让学生带着探索的心去听课，让学生发现知识之间的联系和变化，从而获得学习的成就感。他应该像相声演员在表演时"丢包袱"一样，不断地释放学科的魅力，以此深深地吸引学生，打动学生。只有让学生喜欢上你所教的这门学科，喜欢上你这位老师，教师的教和学生的学才会是愉快的、轻松的、有效的。反之，教师因自身态度、素质等原因，不能很好地展现学科特点，学生视教师的每堂课为负担，久而久之，就会失去对你这位教师及所教学科的热情与兴趣。教师与学生在这种有隔膜的氛围中教与学，彼此都是痛苦的，少有收获的。我们不妨假设这样一个情境：某一天，你走进教室对你的学生说，同学们，老师因事要请几天假，这几天里就不能给大家上课了。如果你的学生当即说："老师你回来后一定要给我们把课补上啊！"那么，恭喜你，你在学生心目中是一位好教师了！在你的引导下，学生喜欢上你和你的学科了！如果学生说："好啊！老师你走吧，我们就解放了！"那作为教师的你就得好好反思了，你和你所教的学科还没有走进学生的世界啊！

二、经常教些课本以外的东西

作为教师，我们要竭力避免自己只停留在"匠师""经师"的层面上，而要时时处处以人师的面貌出现。要少些匠气，多些匠心！这"课本以外的东西"，就是说要在引导学生学好文化知识之外，能经常联系现实生活，教给学生为人处世的道理。我们常说，中小学阶段是基础教育。在这里，基础教育应该包含两个方面的内容：一是为学生打下文化科学知识的基础；二是为学生打下精神成长的基础。后者又比前者重要得多。现实中，我们往往重文化而轻精神。因而培养出来的学生被社会评价为"四有四无"。即有知识无智慧，有目标无信仰，有规范无道德，有欲望无理想。作为一名好教师，就应该为学生的健康成长、全面发展负责，经常教给学生一些优秀做人、智慧做事的道理。

三、对学生充满感情，对工作充满激情，对生活充满热情

首先说对学生，作为教师，最重要的是要"目中有人"！因为，学生是一个个知识不断增长，情感不断丰富，身体不断发育的生命个体，只有把他们当"人"而不是容器，我们的教育才能发挥应有的作用，获得应有的效果。面对学生，要学会换位思考。正像一位教育专家所说的那样：假如是我的孩子；假如我是孩子。如此，我们在教育

教学中才能有民主的观念，平等的理念。教育，才能真正是一朵云推动另一朵云，一棵树摇曳另一棵树，一个心灵照亮另一个心灵！再次说对工作，目前，教师群体中存在较为普遍的职业倦怠情况，有的教师在教育教学中找不到工作的乐趣，每天只是在做着重复的工作。这里有诸多社会因素，但作为教师，如果我们总是以应付的态度去对待工作，那我们的人生将是黯淡而乏味的。如果我们能时时以陶行知先生的诗"人生天地间，各自有禀赋，为一大事来，做一大事去！"相激励，铭记教好书、育好人，就是我们作为教师一生最大的事，在教育教学中，力所能及地为学生的成长营造一个快乐幸福的环境，对手上的"大事"始终充满激情，我们就会时时、处处有创新、创造的火花迸发，就会在这种层出不穷的创造状态中品尝到工作带来的乐趣和幸福。最后笑对生活。一位哲人说，生活是一面镜子，你对它笑，它也会对你笑。如果我们总被生活中的烦恼纠缠，时常抱怨自己"大材小用""英雄无用武之地"等等，我们只会自己消磨自己。面对这个世俗化、功利化日益严重的社会，我们既不能用显微镜，也不能用放大镜去看，否则看到其丑恶之处就不能自已。我们还是要保持一份内心的宁静，一份生活的热情。相信吧！命运对每个人来说都是公平的，机会对每个人来说也是均等的。上帝给你关上一扇门的同时必然也会给你打开一扇窗户。用这种心态去面对生活，就能走出卑微、繁琐，走出一方新的天地。

做到了以上三点，相信你就能成为学生喜欢的好教师！

好教师从哪里来？

我写过一篇《好教师什么模样》的短文，从三个方面说到我心目中好教师的样子，前几天在自己的公众号上发出后，引起很多网友的关注。推出那篇文章后我又在思考：每个学校都想要好教师，那么，众多的好教师从哪里来呢？

教育行政部门设定评选标准，教育培训机构加大培训力度，好教师就能脱颖而出、不断涌现吗？当然，教育行政部门和培训机构的工作不能抹杀，他们的努力确实让一批教师不断成长、成熟，最终成为学生喜欢的好教师。但我们也应该清醒地看到，好教师的出现仅靠评选和培训是不够的。

我认为，教师的成长应该是内因和外因相互作用的结果。教师成长过程中的内因主要体现在以下两个方面：

第一，深藏内心深处的使命感。有人问于漪老师：为什么对教育教学始终保持充沛的精力？她回答，是使命感带给了自己无限精力。使命感的产生，一是源于教师的忧患意识，坚定教育的第一立场是为学生服务。二是让学生树立"天生我材必有用"的观念。什么样的教师是好教师？能够让学生越来越自信、越来越好学的教师就是好教师。让每一个学生感受到每天都在成长的就是好教师。三是对教育保持新鲜度，要让学生感受到教师学科专业的高度和待人的温度。通过多种途径引导学生热爱生活、喜欢学习。比如经常变换教学方式，针对不同的学习内容采取不同的教学方式；在生活和学习之间建立密切的联系，让教育非常鲜活地、真实地发生；给学生提供发现问题、研究问题的不同视角，让学生在做中学。

第二，持续自发的学习力。有一句话很多人耳熟能详：三十岁以前看学历，三十岁以后看学习力。一个渴望成长的教师，他不会躺在已有的文凭上沾沾自喜或安于现状，在他身上一定能感受到充满活力、激情和进取精神的心。如今，我们正走在信息时代、智能时代的路上，因此，每位教师一定要有与时俱进的意识，努力做到勤于学习、不断充实自我，做一个追求卓越、富有创新精神的教师。特别是青年教师，可以从精读本学科课程标准开始你的专业成长之路。从课程标准里全面理解学科的性质，掌握学科的内容，探寻学科教学方法。在全面掌握课程标准的基础上，细读学科教材，了解学科体系，努力实现"用教材教"而不仅仅是"教教材"。如果你想让自己在专业道路上走得更好更远，学好课程标准和教材还不够，还要学习本学科前辈留下的经验，学习教育理论著作，阅读提升个人素养的人文和科技等方面的书籍。还要向本学科领域里的或者是身边的名师学习。只有这样，你才能尽可能营造适合学生的教育环境，让他们去自信自强地面对有诸多不确定性的未来世界。

教师成长的外因主要在学校，换句话说，主要在校长。作为一校之长，可以从以下两个方面为教师的成长助力：

第一，创造条件，引导教师成长。做校长多年的于漪老师认为，校长是培养教师的第一责任人！做校长，最重要的事就是培养青年教师。她经常说的一句话是，做教师应"胸中有书，目中有人"。做校长何尝不是这样呢？校长的眼中除了学生外，还应该把教师的成长放在突出的位置。首先，校长要在教育观、教学观和学生观等理念方面和教师达成共识，这样，才能在具体的教育情境中产生教育的向心力，收到最好的教育效果。其次，校长要想方设法为教师的发展搭建平台，激发教师的工作热情和创造性，让他们能够充分展示自己的才能和智慧。比如我们经常开的教师会，就不应该只是学校领导布置工作、教育教师的舞台，它还应该是全体教师分享教育教学得失和生活经验的舞台。时刻让教师站在学校的中心位置，学校就能铸就一种积极向上、开心愉悦的文化，而这对学校的发展起到关键作用。最后，校长要有宽阔的胸怀和包容的意识。不能一味要求教师多奉献，以不切实际的道德来绑架教师。不能把争取合法权益的教师归为另类，而应该千方百计为他们争取应得的利益。须知，教师的工作动力应该是奉献精神与利益驱动的结合。对一些青年教师在做人做事方面存在的问题，校长不能简单粗暴地处理，而应该用身教等"春雨"方式，让他们自觉意识到自身存在的问题，并逐步加以改正。

第二，下达任务，"逼迫"教师成长。清华附小窦桂梅校长在一次演讲中提到，校长的职责，就是努力把教师的成长当作最高的荣誉。她思考最多的问题是，怎样让一棵树成长为一片森林。该怎么做呢？窦校长说，努力缩短嘴和脚的距离。一是将"立德树人"的口号转变成教师每天"教书育人"的行为和思维方式。二是践行《清华附小办学行动纲领》（以下简称《纲领》）。《纲领》中写的"请你不要走在我的前面，我不想跟随你；请你不要走在我的后面，我不想领导你；请你走在我的身边，我想永远跟你在一起"的共同发展理念。三是下达明确的工作任务，推动教师成长。号召教师永远立足课堂，不断在专业上发展，树立自身的"品牌"。

成为好教师应该是每一位教师一生的追求。可能现在有的教师离好教师的标准还有一段距离，但只要努力缩短嘴和脚的距离，心中有梦想脚下就有力量。你若能在专业发展之路上激发好内因、利用好外因，就一定能成为你自己和学生都喜欢的样子。

名师是培训出来的吗?

暑假来临,对于教育管理部门或一些社会培训机构来说,这是开展各项教师培训活动的极好时机,于是,每年的七月、八月,成了教师的培训月。官方的非官方的各种培训、研修活动层出不穷,"教育家培养计划""名教师培养工程""基于核心素养的某某研讨班"遍地开花,让老师们的自修、旅行和休息计划不得不让路。不可否认,教育管理部门的初衷是好的,培训研修是为了让教师快速成长。"让教育者终身受教"。但很多培训活动内容重叠、形式单一,多为碎片化、"头痛医头、脚痛医脚"式安排,对教师的成长缺乏整体性、系列化和个性化的考量,培训效果因此大打折扣。何况,哲学告诉我们:外因是事物变化的条件,内因才是事物变化的根本。教育部门拿出再多的"计划"与"工程",如果教师自身没有对教育事业的高度认同,自身缺乏前行的动力,光靠各种培训活动,也是得不到想要的结果的。

记得程红兵先生在谈到于漪老师时说:"于漪老师是培训出来的吗?如果是,那为什么我们用各种各样的培训方式培训不出来像于漪老师那样的名师?名师的成长主要取决于内在的建构:总有一份责任驱使自己不断上进,总有一份良知驱使自己不断努力,总有一份情怀驱使自己永不言弃。"我理解程校长的话,教师的成长必须寻找其内生动力,而这内生动力主要取决于他们内心深处藏着的那份对教育事业的使命感。

一、使命感来自对教育本质的深刻认识

在现实生活中，我们常常会遇到这样的老师，他们看上去娇小柔弱，平凡如大地上随处可见的小草，可当他们走进课堂，面对学生，那蕴藏在体内的激情与智慧就会像火山一样地喷发出来，让人十分惊讶。于漪老师就是这样一个典型，有人问于漪老师为什么对教育教学始终保持着充沛的精力。于漪老师说正是"使命感"带给了自己无限精力。老师的使命感来源于忧患意识。于漪老师提醒我们：教育的第一立场是学生，我们应该时刻明白肩上担负着怎样的责任。我们要培养人，培养有中国心的现代人，培养德智体美劳全面发展的人。看到应试教育大行其道，于漪老师着急：这是失掉灵魂的教育，任何一场考试都考不出一个人的综合素质。人的智能是多元化的，是独一无二的。孔子早就提出了"因材施教"的方法。教师就是要让学生树立"天生我材必有用"的观念。《理想国》中柏拉图说教育是拯救人的灵魂。什么样的老师是好老师？越教越能使学生好学的就是好老师。于漪老师说，我们的工作是平凡的，但要让我们平凡的工作变得有意义，让每一个学生都受到良好的教育，教师要有内心的深度觉醒，使命感是教师工作的原动力。

二、使命感来自对自身成长的不懈追求

一个教师真正的成长在于他内心深处的觉醒。是啊，觉醒者，往往把自主发展、自身成长看作一种需要、一种追求、一种境界；觉醒者，也会自然而然地萌生积极向上的心态；觉醒者，还会在自我心中

感受到所追求的人生价值。朱永新教授曾这样描述他心目中的理想教师：应该是一个胸怀理想，充满激情和诗意的教师；应该是一个自信、自强，不断挑战自我的教师。教育名家、原福建厦门市教育局副局长任勇先生在谈到自己的成长经历时说："我在闽西山区教书时，相对来说信息闭塞，我就通过订阅报纸杂志了解外面的世界，了解数学教育研究与实践的情况，这是十分有效的方法。我订了可以邮寄的23种数学杂志，当时收入有限，拿出那么多钱订杂志，是要下很大的决心的。杂志一到，我就马上读，几乎是'读红'，就是每页都读都画还写下批语，同时做目录分解，以便日后好查询。有时，看完目录中的某个题目，自己就想：'这个题目让我来写，我会怎样写？'并把自己的写作框架拟出来，再打开对照，是别人写得好还是我的框架妙。那段时间我读了大量的数学教育文章，为日后的研究奠定了深厚的基础。学校没有要求老师订杂志，也没有要求订那么多的杂志，更没有要求老师一定要读专业杂志。当年之举，现在看来就是自主学习。"教师要提高自己的教育教学水平，必须努力加强自主学习。因为这种自主的学习，能培养教师主动发展的能力，使教师形成良好的学习品质，培养教师充分的自信心和创造意志力，保护并激发教师的学习力。任勇老师还谈道，教师成长也要"被逼"。围绕论文写作、会议发言、专业指导、考察学习等活动，这时的教师可能处于被动的局面，但只要有好的心态，认真负责地对待每一项工作任务，这就会是变压力为动力，并最终转化为能力的时机，更是促进自身成长的极好机会。任勇老师的"主动""被逼"是教师成长的两种好的方式，值得学习借鉴。还有一种方式也不妨一试，那就是在成长的每个关键点上，寻找并获得优秀导师的指引和帮助。《教学勇气》的作者帕尔默说，心灵导师的力量不一定在于提供给我们好的教学模式，因为教学模式回答不了教师到底是谁这个问题。心灵导师的力量在于他们能唤醒我们内心的渴望，多年后通过回忆其当初对我们生活的影响，可以重新点燃内心的渴望。假如我们的成长，仅仅依赖于自己的探索，这就意味着一切都需要从零开始摸索；并且由于没有方向，要在无边无际的黑暗中摸索很长时间。如果我们有幸遇到让我们欣赏和信赖的心灵导师，那么，我们将在他们的指引下，坚定地朝着自己认定的方向努力。

三、使命感来自对社会发展的责任和担当

一个渴望成长的教师应该是一个关注教育价值，关注人类命运，具有社会责任感的教师。有专家论述社会发展各阶段的教育价值：工商时代，教育的核心价值是如何让个人规范地进入可规范的社会。学习的主要方式就是养成以专业的方式认识世界的能力，在探索世界的过程中实现社会化的自我。然而这一教育范式却使更多的人缺乏创造力，缺乏个性。智能时代，教育的核心价值可能是如何让每一个人有能力、有机会去创造一个新的社会。学习的主要方式可能是探索以个人的方式来认识世界，在探索世界的过程中实现个人化的自我。后智能时代，算法将改变人类的思维。人类的理性思维能够以算法来表达的时候，人类将再一次解放自己。我们正走在智能时代的路上，再也不能"两耳不闻窗外事，一心只读圣贤书"，一定要有与时俱进的意识，努力做一个勤于学习、不断充实自我的教师；做一个追求卓越、富有创新精神的教师。于漪老师不止一次地提醒我们：做教师的，应该时刻意识到自己的肩上一边是学生的现在，另一边是国家的未来，这是千斤重担，今天的基础教育质量就是明天的国民素质。面对一个

个性格、成绩均有差异的学生，教师的责任担当尤为重要，是创造适合他们的教育，还是将他们按同一个模子塑造？这里，我想起了美国著名的 IBM 电脑公司的创始人老沃森和他的儿子小沃森的一段对话。小沃森对老沃森说："你明知道我不是一块读书的料，学习成绩那么糟糕，为什么还一直都不让我离开学校呢？"老沃森说："知子莫若父，我怎么能不知道你在学校里的一切呢？但是，我决不能让你在年纪轻轻，心灵还没有完全经过学校环境的熏陶和洗礼的时候，就放任自流地把你放飞到毫无约束力可言的社会上去闯荡。我要的不是你的成绩，而是你那颗充满活力、激情和进取精神的心，只有这样，你才能在未来的岁月里成为一个有价值，禁得住各种挑战的人！"我们是不是也应该从家长的视角去看待学生，有一分老沃森的心态呢？

有人说，鸡蛋从外面打破是食物，从内部打破是生命。回到本文开头的话题上，我希望体制内外的教育教研机构在组织教师培训时能从教师的内在需求出发，因为，一个人一旦认识到自己未来将成为什么样的人，就会从内心激发出无穷的动力去努力实现自己的目标。无数的研究结果已经证明，对于人的成长而言，这种内生性的驱动力要远比外部强加的力量大得多，也有效得多。

教师写作的意义

现在，很多中小学教师认为自己只要上好课就行了。至于写文章，一是没有时间写，二是不知怎么写。的确，现在老师在完成课堂教学工作外还要去做很多非教学工作，老师每天满满的工作量，无暇静下心来写东西。学校对教师的教研业绩缺乏有效的保障机制。一些学校的领导眼里只有学生分数，对老师的科研没有从内心支持的意识，更不用说制定相关政策鼓励老师写作了。加上很多教师生活上"上有老下有小"，确实感到喘不过气来。赡养老人、抚育孩子，这些让教师无处可逃，没有时间和精力去考虑写作这件事。另外，教师本人没有积极阅读、主动学习的意识，没有形成积累习惯，等到动手时，就摆出一副"握笔四顾心茫然"的样子。多数老师看到身边的同事没有动手也就心安理得了。写作如果只是"三天打鱼两天晒网"就难有长进，长此以往就无从下笔了。

实际上，教师写作有很重大的现实意义：

一、有利于反思、总结教育工作，提高教育教学水平

教育教学过程中值得反思、总结的地方很多，最重要的是反思课堂。对他人的课堂，特别是一些公开课，可以采取去粗取精、去伪存真和博采众长的方式。对于自己的课堂，教师可以从"教"与"学"两个维度，从课前、课中和课后等多方面来反思。课前主要看教师的准备（预设）工作如何：学习目标的设定是否切实，教学流程的安排

是否简明，问题的提出是否基于教材与学情，等等。课中主要看是否贯彻了"学为主体""以学定教"的理念，学生对教师的预设是否兴趣盎然、思考积极，课堂上是否超乎预设而碰撞出一束束智慧火花，等等。课后主要看学生的反应：情绪状态是否始终饱满，教师呈现的问题是否迎刃而解或引发更深层次的思索，学生对教师的教学方法和策略是否认可，等等。所有这些都可以形成文字，成为教师教育教学生涯里的宝贵财富，这对不断提高教育教学水平很有帮助。

二、与利于体会写作的酸甜苦辣，锻炼思维能力

"不会写"确实是目前一部分教师特别是语文教师的短板，学校里真正把写作当作生活的一部分的教师和会指导、会评判学生作文的教师不多，甚至有的骨干教师、名师也存在不会写的情况。因此，包括语文教师在内的所有中小学各学科教师，都要有意识地动手，不断提升自己的写作素养。教师经常"下水"写作，和学生一起体会写作的艰辛，不仅能够为学生打开一扇认识世界、品味人生的窗户，还能够培养自己和学生的逻辑思维能力，有了这种能力，看待世界万事万物就能抱着客观公正的态度，就能自主、自由地与这个世界和自己和解。教师要真心"补短"，就应该多读多写，努力使自己成为一名合格乃至优秀的表达者。教师不把读书、写作当成"苦差"，孜孜不倦地练习写作本领，享受着其中的乐趣，这应该成为一种职业追求。一位教师经常能将自己的作品晒一晒，必将凝聚超强的人气，那种"身教"的力量会在每一个学生身上"潜滋暗长"。

三、有利于理论知识学习的消化吸收，提升科研能力

以陶行知与他的老师杜威为例。陶行知是杜威的学生，当年在美国哥伦比亚大学教育学院，陶行知了解并接受了老师的教育理论。杜威是美国实用主义教育学的倡导者和实践者，他在专著《民主主义与教育》里，将理论概括为"教育即生活""学校即社会"和"做中学"。陶行知学成回国后，根据中国的社会现实，对杜威的理论加以改造，提出了自己的教育主张，形成了富有中国特色的陶行知教育思想。比照陶行知和杜威的教育思想，我们可以看出，陶行知的很多思想源于杜威但又超越了杜威。当今教育领域就是要多一些陶行知这样的人。一是有"结交名师而师之"的行动。在我们周围，确实有一些师德高尚、业务精湛的名师大家，渴望成长的教师特别是青年教师，要主动地拜名师大家为师，向他们说出自己专业成长路上的难点和痛点，以期获得指点，这样，你的成长才会加速。二是有"吾爱吾师，吾更爱真理"的意识。在获得名师大家指点的同时，不能唯他们马首是瞻，有时要大胆说出自己的想法和做法，写下教研路上的心得体会，这样才不会出现"武大郎开店"的情况，自身的教研能力和水平才能扎扎实实地提高。

四、有利于形成和推广自己的教育教学思想，扩大影响力

所有的名师大家都是在自己的学科领域边实践、边学习、边反思总结，慢慢形成自己的教学特色与风格，然后笔耕不辍，把这些表达出来，在报刊上发表，进而逐步获得同行的认可与尊重。20 世纪 80

年代，辽宁的魏书生老师的"民主与科学"教育思想，上海的钱梦龙老师的"三主"教学主张，都是依据自己平时的做法提炼总结，然后在各类教育教学活动和相关报刊上不断地传递，才得以风靡全国。跨入新世纪，一批批专业教研人员和教育行家更加重视对教育经验和教学主张的总结提升，很多名师的理论获得了同行和社会的认可。如2018年去世的小学语文教育名家于永正老师，他在几十年的教育教学生涯中总结出"儿童的语文"思想，确定了儿童的语文思想的内涵，即重情趣、重感悟、重积累、重迁移和重习惯。许许多多的小学语文教师在于老师教育思想的引领下，联系自己的教育教学实践，做出了不俗的业绩，有的教师形成了自己的教学特色和风格，通过总结提升、报刊宣传，在全国产生了很大的影响力。

五、有利于驱散职业倦怠感，让自己有获得感、组织有荣誉感

日复一日、年复一年重复单调的校园生活，难免令人产生职业倦怠感，而驱散职业倦怠感的有效行动就是动手写作。教师的写作可以从几个方面来展开。一是根据教育的本质和学科的性质特点，写下对它们的理解。教育的本质是什么？是唤醒，是点燃，是示范。面对身体正在发育，知识正在累积，性格正在形成，精神正在成长的学生，老师是只关注学生的文化成绩，还是按照教育的本质规律去行事呢？这些都可以通过一篇篇的文章表达自己的看法和做法。二是面对课堂，总结经验和教训。课堂是师生的生命场，是立德树人的主阵地，教师要有意识把课堂中的问题上升为课题来研究。比如，老师把学生对文化学习没有兴趣的内、外在原因查找到位，然后因材施教、对症下药，找到解决问题的方案和途径。老师把培养学生学习兴趣和习惯

的过程写出来，这样做能很好地驱散职业倦怠感并有获得感。三是遵循内心的喜好，拓展兴趣、爱好空间。一个热爱自己职业的教师，他会自觉地延伸拓展自己的学科领域，在自己专业的田地里围绕某个点深耕细作。放眼当今基础教育领域，还真有不少教师因为这样做，使得自己的园地越来越充实，站在自己的园地里越来越充实和自信。

即使你经常在一些教研活动中"动口"上公开课、示范课，其影响力也是非常有限的。如果你不仅"动口"还能"动手"，知名度就会越来越大。教师有文章发表、有著作出版，这是提升学校形象、扩大学校声誉的最好方式。学校因有勤写、会写的教师而感到莫大的荣幸，会把既能"动口"又能"动手"的教师当作学校的宝贝。

教师在写作中如何克服无米下锅的情况？

我经常鼓励一线教师拿起笔记录自己的教育教学生活，因为他们始终是在教育现场的人，有很多教育故事、教学心得值得记录下来，而记录的过程就是自身成长的过程。也许是"只缘身在此山中"之故吧，很多教师想写作，可拿起笔来又不知道从哪里入手，找不到写作素材的"米"，有一种无米下锅的无奈。这里，我结合自己的写作，和大家谈谈如何在教育生活中找"米"。

一、可以从落实常规中找"米"

解读课程标准，钻研并掌握教材，这些教学常规是每位教师在课前都必须落实好的。在读课标、读教材的过程中，如果教师能够先"裸读"，然后再找来相关资料对比着读，就可以读出和别人不一样的感觉。"和别人不一样的感觉"就是自己写作素材的来源之一，把这些感觉记录下来，可能就是一篇好文章。

现在很多报刊都有"教材管见（分析）"之类的栏目，特别欢迎教师发表这类有新意的文章。记得20世纪末，新修订的义务教育语文教学大纲颁布，我找来新旧两部大纲，认真分析、对比，写成一篇文章，揭示出新大纲新在哪里、教学中要注意些什么。这篇文章先被《湖南教育》采用，后被中国人民大学复印报刊资料《中学语文教与学》全文转载。

二、可以从课堂教学中找"米"

课堂是教师"传道、授业、解惑"的主要场所，更是落实"立德树人"育人目标的主阵地。课堂是一个大矿藏，教师可以从中寻找写作素材。短短的 40 分钟，从导入的艺术到结束时的反馈小结，从课前精心预设到课堂中始料未及的生成，以及学习过程中师生迸发出的智慧火花等，都可以作为素材，助你写成一篇篇文章。这些文章可以统称为"课堂作品"。比如，把一堂课的成功或遗憾之处记录下来，写成一篇教学后记，能给人启发和借鉴。

20 世纪 90 年代初期，我在中学教高三语文，那时候的高考流行写材料作文。如何利用好这类作文中的材料，是我关注的重点，也是学生的痛点。在经过一番思考研究、充分准备后，我走进课堂，用"点""扣""引""应"四个字，引导学生充分利用所给的材料。

"点"即在文章开头点明材料的主旨；"扣"即围绕主旨、紧扣材料来着墨；"引"即由材料引申、生发开去，联系现实生活加以论述；"应"即在文章结尾处照应好材料。

一堂课下来，学生纷纷表示这个方法易学好用。我当时很兴奋，回到办公室立即将这节课的内容整理成一篇文章，投给《中学生学习报》。两个星期后，该报在头条位置刊发了我的《如何利用材料作文中的材料》一文。

三、可以从教育生活中找"米"

每位教师每天都要面对丰富多彩的教育生活，如果我们抱有爱心，细心观察并参与其中，就会发现周围一个个鲜活的教育故事不断涌现。变化中的教育生活、教育案例、教育故事、教学调查等都是很好的表现形式。

我当教研员多年，有机会下到学校去翻阅教师的教案，发现很多教师没有意识到备课是一次很好的学习机会，是一次和课文、学生交流的机会。他们或者从已出版的现成教案中摘抄一些内容，或者干脆从网上整篇、整本下载教案。我觉得这是一个值得注意的问题，也是一个很好的教育案例。根据当时掌握的情况，我写下一篇短文《提倡研究型备课》。这篇文章发表在《中国教育报》上。

进入 21 世纪后，高中语文教材有较大的变化，文言文的比重明显加大。编者这样做，一线教师和学生会认可吗？能适应吗？我选择自己所在的浏阳市几所规模较大的高中做了一番问卷调查。调查结果显示，文言文的教与学都存在很大问题。我以此写下一篇教学调查报告——《文言文，想说爱你不容易》。这篇文章先在《湖南教育》上发表，不久，被中国人民大学复印报刊资料《中学语文教与学》全文转载。

四、可以从报刊文章中找"米"

每天，我们都要读一些教育类或学科专业类报刊，面对上面刊发的文章，我们是走马观花还是掩卷而思呢？我喜欢对有些文章思考一番。

有一次，我看到一家报纸上登了这样一篇文章——《教师要多写教学论文》。该文建议一线教师多写教学论文，这符合教师的教研水平和实际生活吗？我立马打开电脑，写出文章《教师更应该多写教育记叙文》，表明自己的观点。半个月后，这家报纸登出了我的文章。面对层出不穷的教育事件和教学问题，教师要不断提高自己的审辨力，透过现象看本质，寻找问题背后的问题。

一段时间里，网络上对师德的讨论非常热烈。我结合当前的教育实际，写了一篇文章——《上好课就是教师的崇高师德》。这篇文章在我的微信公众号上发出来之后，先后被30多家网站、微信公众号转载，点击量超过10万人次。

教师还可以写一些教育时评，以此表达对某些问题或事件的看法，并参与有关报刊组织的讨论，发表自己的意见，体现一个教育工作者的担当。

五、可以从名家教育思想中找"米"

一位渴望成长的教师应该过一种读写为伴的生活。大量的专业阅读会引发教师对专业的思考，进而产生表达的欲望。我们在阅读某位教育名家的文章、著作时，有时会对其中的文字深以为然，有相见恨晚之感。这时，我们可以选择名家的某一句或某一段教育箴言予以阐述、演绎，让这些箴言更具说服力和影响力。

2018年，是伟大的教育家苏霍姆林斯基100周年诞辰。想起这位教育家的著作对我的教育教学的指引，我便重新捧读他的书，一边读一边选择他的一些教育箴言加以阐述，先后写了10篇文章。这些文章陆续在《中国教育报》《教师博览》等报刊上发表。2018年，我重温叶圣陶有关语文教育的论述，写下多篇文章，提醒当今的语文教育者不忘来时路。这些文章也引起了较好的反响。

我们在阅读名家著作时，还可以写一些书评。坚持下去，教师自身的阅读和写作能力就能够得到提高。另外，将这些好书推荐给更多人阅读，也是一件功德无量的事。

写作是很孤独的事，要耐得住寂寞，扛得起失败。没有人天生就会写文章，能写文章的人都是从一次次的"泥牛入海无消息"中走出来的。因此，持之以恒、久久为功非常重要。实际上，拥有一双善于发现的慧眼，带上一颗善于思考的头脑，去从事教育教学工作，你会时时有文思泉涌的感觉。

守住"金山"好著文

——怎样写好教育故事

说到中小学教师的写作，很多人想到的就是写论文。当然，教师们不是不可以写论文，由此总结教学经验、提出教学主张，或进行课题研究等。只是觉得这些对教师成长是有限的，而且因为各方原因还会难以动笔，而教师的教育生活里每天都有鲜活而精彩的故事发生，长期坚持写教育故事可以不断夯实自己的专业基础与提升专业能力，丰盈自己的职业生命。

一、教师生活在故事里

每天进进出出的校园，上上下下的讲台，让很多老师从这日复一日、年复一年的生活中感受到的只有枯燥、单调。随着时间的推移，职业倦怠的情绪犹如千丝万缕的束缚缠绕全身，继而对所从事的工作缺乏激情与创造力，但用心的教师面对一座座"金山""富矿"不会熟视无睹，而会好好珍惜，能从这种枯燥与单调中寻觅到一个个丰富、精彩与鲜活的故事，并用情将它们写下来，成为自己专业成长的有力抓手。

在我看来，写好自己的教育故事就是最好的教育科研。因为我们的科研不同于大学教授或专业科研人员那种"高、精、尖"的科研，我们的科研基本上是"行动研究"，即在教育教学实践层面做一些经验总结性的探索与研究。这样的科研一定是基于问题，来源于教育教学实际，又回到教育教学工作中去，目的在于更好地提升教育教学的质量和服务品位。我们若能坚持将自己的这些教育故事写出来，对身边的教育现象做深刻而切实的剖析，这样的科研一定是真实而鲜活的，既有意思又有意义。

人是教育故事里的主角。人的所思所想和言行举止，群体活动的交集，均凸显出生活的不确定性和丰富性，也为教育带来无限可能性和必要性。这就使得校园内外、讲台上下的师生每天都有不同于他人的故事发生，每个故事都有不一样的精彩。

二、怎样写好教育故事

写好教育故事，留心观察与思考是前提。教师面对一个班几十个学生，必须留心观察学生的言行举止，因为他们的言行举止会透露出很多信息。这些信息会暴露出很多问题，这些问题可以引发教师去思考，去查找这些问题背后的原因，即对教育教学中遇到的人和事逐一进行分析与研究。比如，面对部分学生对文化课学习没有兴趣，就不能把原因指向学生学习态度不端正，心中没有远大理想。应该从教与学两个方面来分析：教的方面，学生不会学、不想学，教师在教学的方式方法上是否存在问题？是否由原来的"满堂灌"变成了现在的"满堂问"而不得要领呢？是否忽略了激发兴趣、养成习惯呢？这中间有什么事情发生？学的方面，教师心中是否有"以学定教"、学为主体的意识？是否采取了点对点观察、家访了解、面对面交流等方法？教师可以把学生对文化学习没有兴趣的内、外在原因查找到位，然后因材施教、对症下药，找到解决问题的方案和途径。如果教师把如何培养学生文化课学习兴趣的过程写下来，这样的教育故事对其他教师会有很大的启迪作用。

写好教育故事，遵循规律、善用情智是基础。学校是允许学生犯错甚至经常犯错的地方，面对学生的错误，教师是用怎样的方法去引导的呢？教师自己犯错了，又是用怎样的机智摆脱局促与尴尬的呢？这些都可以用故事的形式真切、生动地表现出来。非常喜欢于永正老师的《我的教育故事》，在这本书里，于老师回忆起从教几十年里与学生过往的点点滴滴。一个个真实、生动的故事，还原了作为人师的于老师的人格魅力。其中有一篇题为《规矩》的文章给人印象特别深刻，该文详细地叙述了于老师与学生的一次正面冲突，从"不打不相识"到几经周折成为知心朋友，再现了当时的情境，有很强的现场感，突出了于老师刚柔相济、以柔克刚的教育教学智慧，这样的教育故事，没有对教育事业的忠诚热爱、对学生的真情呵护是写不出来的。

写好教育故事，及时整理和总结是保证。很多教师对自己的教育生活是有感觉的，与学生朝夕相处有不少故事，心里也不时涌起要把这些故事写出来的冲动，可这些故事出现在脑海时，又被其他的事情冲淡了、冲走了，"此情可待成追忆"，只是过后已茫然。随着时间的流逝，那种感觉难以找回了，这是一件十分可惜的事。因此，自己从教育教学现场获得好的故事，要及时记录并认真总结，要在这件事上少留遗憾。我曾与一位教师做过一次推心置腹的交流，这位教师三十多岁就成为特级教师。我询问他何以能做到，他平静地说，每次和学生交流后，感觉有启发，总会把当时的场景及时做好记录；每次上完课后，回到办公桌前，总会静下心来回顾一下刚刚上课时的情景，想想这节课的得失，然后记下来。这样坚持做下去，感觉自己的教育教学之路越走越宽。认真阅读他送给我的书，发现里面都是他的鲜活的教育故事，这些对他本人来说均是弥足珍贵的资料，对其他教师有很好的借鉴作用。

三、写作教育故事要注意的事项

新课程实施二十年来，一大批中小学校长和教师注意到写作教育故事对自身成长的作用。他们笔耕不辍，出版部门顺应教师阅读要求，出版了一批又一批来自教育教学一线、反映教育生活的专著。《重新发现儿童》《重新发现学校》《重新发现教育》三本书，就是北京玉泉小学校长高峰日常教育生活的生动记录，书中一个个鲜活的故事，引发读者深思。此外，李虹霞老师的《创造一间幸福的教室》，沈丽新老师的《让学生看见你的爱》，郑英老师的《课堂，可以这么有声有色》等，书中都有很多很好的教育故事。

通过阅读众多的一线校长、教师的专著，我认识到，写作教育故事，要注意它的故事性、生动性和启发性，同时还要从以下三个方面加以注意。（一）教育故事的内容。一是教育故事不是文学创作，不能凭借自己的想象无中生有地去杜撰、编造。二是教育故事不是通讯报道，不要等同于叙述自己的各种"先进事迹"而进行自我表扬；或是故意展示自己的一些"不足之处"，毫无原则地自我批评一番。三是教育故事也不是"事例加理论"，不能成为"两张皮"，应当将理论蕴含在故事的字里行间。（二）教育故事的表现手法。好的教育故事能够感染人，一是通过一个事例让读者有某一个方面的心得与感悟；二是在叙事上注意夹叙夹议，即时说出自己的所思所做；三是注重细节描写，因为唯有具体、生动的细节才能让读者有现场感。（三）写作教育故事贵在反思与坚持。无论是正向的还是负面的故事，都值得当事人好好记录，因为这有助于自己和他人从中吸取经验与教训。另外，写作教育故事如同其他教师写作一样，特别强调持之以恒，久久为功。

愿一个个鲜活、精彩的教育故事陪伴教师走上教研幸福之路，愿教师在这条路上经常展现不一样的自己。

（附） 凝望教育天空中那颗最璀璨的星
——我和苏霍姆林斯基的故事

时光倒退到 36 年前的 1982 年，师专毕业的我，分配到一所山区中学任教。这年 8 月中旬，我用一截毛竹尾巴挑着简单的行李，来到这所大围山下的县属中学。刚满 19 岁的我站在学校门口向里面张望，只见一个不规则的泥沙场边立着几栋平房，平房的墙体上斑驳陆离，早年时的标语隐约可见。（后来我听一个老校工说起，早年这里是一个"万头猪场"，后来把猪赶走了，把人赶进来，就成了一所学校。）我随着后勤主任来到一栋靠山岭的平房，他为我打开房门，告诉我，这就是我的住房。我环顾四壁，靠门边有一张简易床，木格的窗户前有一张办公桌，桌上还有一盏煤油灯。后勤主任看我两眼直直地盯着煤油灯，有些不好意思地说，晚上电不正常，要点灯呢。

夜幕降临，我斜躺在自己铺好的床上，房中央垂下来的电灯忽闪忽闪几下，再也没有亮起。四周渐渐暗了下来，"嗖嗖，嗖嗖"，篾片织成的天花板上有响动，仔细一听，是老鼠趁着漆黑奔窜出来了，在天花板一路来一路去，好像是向我这个陌生的主人示威。我起身点燃了那盏煤油灯。回到床上呆呆地望着这如豆的火花，心里说不出有多失落与惆怅。

也不知过了多少个这样孤独无助的日子，我终于拿起笔向分配在城里的一个最要好的同学倾诉自己的心事。信寄出去两个星期后，我收到了同学寄来的一个包裹，我迫不及待地打开它。没有信，只有一本书。我端详起这本书，绿色封面上，书名是《给教师的建议》，作者是苏霍姆林斯基。我打开书，扉页上是一行清秀的字：老同学勉之。

在昏黄的煤油灯下，我打开了《给教师的建议》，认真地看了起来。苏霍姆林斯基的第一条建议，吸引了我。"请记住：没有也不可能有抽象的学生。""教学和教育的技巧和艺术就在于，要使每一个儿童的力量和可能性发挥出来，使他们享受到脑力劳动中的成功的乐趣。"嗯，联系自己近段的工作，真是那么回事！慢慢地，我喜欢上了这本书。以后的日子，我不觉得孤单了。每当夜深人静，我就在煤油灯下展开《给教师的建议》，苏霍姆林斯基就像一位邻居大哥，在心平气和地、推心置腹地和我交流。我被书中那娓娓道来的语言吸引着，被一个个鲜活生动的教育故事感动着。看到书中说到我教育教学中的痛点、盲点，我会情不自禁地站起来，自个鼓掌，全然不顾天花板上那群横冲直撞的老鼠。

"一个真正的人应当在灵魂深处有一份精神宝藏，这就是他通宵达旦读过一二百本书。"我记住了苏霍姆林斯基的教诲，心头的哀怨逐渐消散，精神面貌焕然一新。每天，和学生待在一起，他们起床我起床，他们读书我读书。每逢轮到语文早读时间，我就走进教室，面向全班同学大声朗读《风流歌》《我是青年》等流行诗篇。为了让语文学习丰富多彩，我创办手抄报，排演课本剧，组织烛光诗歌朗诵会。我跟苏霍姆林斯基学做教师，渐渐地对教育教学有了一些真切的感悟，我把感悟写成一篇篇文章，寄给省内外的报刊，有的还真见报了。我又把这些见报的文字读给学生听。学生爱上了语文，喜欢上了我这个教语文的老师。

感谢老同学的赠书，让苏霍姆林斯基在我职业生涯起步的时候，就来到我身边，走进我心里，引领我走上教育教学之路。在读完《给教师的建议》后，我又通过买、借等方式读了他的《帕夫雷什中学》《育人三部曲》等著作。我从他的著作里汲取着丰富的营养，滋润着自己的生活和工作。是他告诉我很多教育教学方法，让我对教育有了越来越多的归属感、认同感和成就感。在农村中学的 10 年中，我定目标，打基础。后调入浏阳市教育局教研室，担任中学语文教研员，平台更大了，视野更宽了。我以"教师是我师，我是教师友"为工作原则，孜孜不倦地读书学习。从古今中外的教育典籍中寻找教育智慧，向国内著名的语文教育专家请教，与本市的教育同行切磋，和老师们一起成长。我感觉身体内有无穷无尽的力量，不知疲倦地投入到学习中、研究中、实践中、总结中。努力地工作让我获得了一系列的荣誉。

成长路上一直感恩苏霍姆林斯基，特别记得他有关教师阅读的提醒："教育素养是由什么构成的呢？这首先是指教师对自己所教的学科要有广博而深刻的知识。""只有当教师的知识视野比学校教学大纲（现为课程标准）宽广得无可比拟的时候，教师才能成为教育过程的真正的能手、艺术家和诗人。"每次下校调研，我都喜欢到教师家里坐坐，不为别的，就想看看教师家里有没有一个书房，或是一个书柜、书架，如果看到这个教师家里积书满房（满柜、满架），我确信这个教师不久的将来肯定会成为一个好教师。如果看到教师家里现代化家具一应俱全而没有书柜、书架，我确信这个老师不可能成为学生喜欢的人。我总结了四句话，和老师们交流时经常挂在嘴边，这就是"收入再少也要买书，房子再小也要藏书，时间再短也要读书，交情再薄也要送书"，并专门刻印了一枚送书章，这章上刻有两行字："读书是人生最美的姿态，送书是人间最真的情谊。"我在教研室、教育局任职的18年里，只要有学校领导、老师到我办公室来交流教育教学工作，我就会送书给他们，从不让他们空手而走。当我郑重其事地摊开书，盖上我的送书章，双手递给他们，看着他们满心欢喜地捧着书离开时，我内心无比地充实而兴奋：我又播下了一颗读书的种子。

跨入21世纪，我向当时的教育局党委建议，为了让教师跟上时代的步伐，有必要在全市中小学实施"新世纪读书工程"。我提出详细的"读书工程"实施方案，其中包括每年向全市教师推荐3到5本教育专著，年初，下发读书方案，确定阅读书目，组织统一订购；年中，邀请教育专家或由教研员进校做阅读辅导讲座；年底，组织读书演讲赛，评选优秀读书心得和读书积极分子。局党委接受了我的建议，2001年全市正式启动"教师读书工程"。引导教师读书，从读什么书开始呢？我想到了苏霍姆林斯基。对，就从读他的著作开始！这一年，我向全市教师推荐了苏霍姆林斯基的《育人三部曲》及其他5本教育专著。《育人三部曲》这本书是苏霍姆林斯基教育遗产的精华，"三部曲"中的第一部《把整个心灵献给孩子》，涉及的是小学儿童阶段的乐学生活；《公民的诞生》涉及的是中学少年阶段的和谐发展；《给儿子的信》涉及的是大学青年阶段的成才修养。全书具有浓郁的诗情、画意、乐韵，作者把现实主义与浪漫主义融合成一曲又一曲教育乐章，描绘出学生从小学、中学到大学三个阶段的成人成才历程，非常适合老师们阅读。

由于有苏霍姆林斯基的书出场打头阵，全市教师从他的著作中读出了自己的影子。很多教师在年底上交的读书心得中，深情地写下对《育人三部曲》的认同，字里行间表达了对苏霍姆林斯基的崇敬和感谢。我把优秀的读书心得结集交出版社正式出版。"教师读书工程"进展顺利，一直坚持下来，2013年，我因在一个区域内持续推动教师读书，被《中国教育报》评为"推动读书十大人物"之一。因为读书，我结交了全国很多教育理论研究有成果，教育实践有实绩的同道者。每年，都以教育局的名义组织一两场大型报告会，把一些全国知名的教育人士请到浏阳为全市老师讲学。朱永新、李希贵、田慧生、冯恩洪、李镇西、程红兵、肖川、檀传宝、吴非、闫学、高万祥等以及本省的大学知名教授、中小学名优教师都到过浏阳。因为读书，《中国教育报》《教师月刊》《湖南教育》等都对浏阳教育做过长篇报道。2015年9月，我因年龄问题离开了教育局领导岗位，临别时，教育局新班子问我有什么意见和建议，我不假思索地说："拜托新班子把'教师读书工程'坚持下去吧。"时至今日，浏阳市中小学"教师读书工程"已经走过了18个年头，每名教师的书柜里都有50多本教育教学专著，从世界经典苏霍姆林斯基的《育人三部曲》、夸美纽斯的《大教学论》到当代中国名家朱永新的《我的教育理想》、李希贵的《面向个体的教育》再到一线教师吴非的《致青年教师》、李镇西的《民主与教育》、闫学的《跟苏霍姆林斯基学做教师》，等等。很多教师享受到了好好学习、久久为功带来的红利。

时光荏苒，苏霍姆林斯基离开我们已经48年了。但他从未走远，因为他拥有一大批追随者。在当今中国的中小学校园里，在很多教师的文章里，苏霍姆林斯基这个名字出现的频率仍然很高，而且我们今天读他的有关教育的论述丝毫没有违和感。他的"培养全面和谐发展的人"的思想，是我们教育的追求目标。面对当下中国教育屡禁不止的乱象，层出不穷的"奇葩"，作为一个教育工作者深以为忧。

我又想到了苏霍姆林斯基，又捧起了他的著作。他是一个伟大的教育理论家，更是一个伟大的教育实践家。中国目前不缺各种教育理论，缺的是对教育常识的认知和普及，缺的是像苏霍姆林斯基这样在教育的田野里深深扎根、辛勤耕耘，把论文、专著写进师生心田的人，像他那样安安静静、认认真真、扎扎实实办学的实践者。苏霍姆林斯基的论述涵盖德、智、体、美、劳等方方面面，是"活的教育学"，是教育领域可资借鉴的"百科全书"。今年正好是他100周年诞辰，我想写点文字以示纪念，我清楚自己对苏霍姆林斯基教育思想的理解还停留在皮毛状态，还是硬着头皮坐到了电脑前。我结合当前中国教育的情况，选择他的一些箴言加以阐释，冠以"重读经典、回到常识"之名，发到个人的公众号"布衣村言"上。也许我的一些体会戳中了当下中国教育的某些痛点，引起了同人的共鸣与关注，文章一经发出，包括教育局局长、大学教授、中小学校长、教师等在内的微信好友纷纷转发。"人民教育"等多个公众号转发了其中的一些文章，有的文章读者点击量超过三万。特别让我感动的是，我尊敬的前辈，浏阳市教育局原教研室主任，后来担任过浏阳师范学校副校长、长沙电视大学副校长，年逾古稀的刘定邦老师，对我的文章大加点赞，还在他的微信朋友圈里转发我的一篇短文《教育应该是真实的》，并组织他的朋友、学生就真、伪教育展开讨论，让我有沉沉的责任感和满满的获得感。

人生有终点，事业无止境。时间无法掩盖苏霍姆林斯基教育论述的光芒，反而折射出他的理论熠熠生辉。我想，千千万万教育工作者若能重读他的经典论述，谨记他的谆谆教诲，不辱使命、砥砺前行，中国教育一定大有希望！

永远的苏霍姆林斯基——感激依然无尽，崇敬山高水长！

今夜，我坐在明亮的电灯下写着纪念苏霍姆林斯基的文字，想起了30多年前依偎在昏黄的煤油灯下读他的专著的情景。我来到窗前，窗外的天空，一片辉煌的灯火之上幽深而瓦蓝，与满天星斗交相辉映。我确信：教育的天空里群星荟萃，苏霍姆林斯基是那颗最为璀璨耀眼的星！（2018 年 7 月 28 日，刊于《中国教育报》，有删节）

教学反思：教师专业成长的"催化剂"

教学反思，是指教师对自身教育教学实践的再认识、再思考，以此总结经验教训，进一步提高教育教学水平。撰写教学反思可以帮助教师在课堂上快速接收反馈信息，克服教学中的干扰因素；找出教学理念在具体实施中的成功与不足，为调整教学环节提供可靠依据；加深对课程标准、教材的理解，推进教学方法改革，从而实现自身的专业成长。教学反思应该怎么写？它有哪些形式？写作时要注意什么？对此，我做了一些思考。

写教学反思可以从以下三个方面考虑。

一是总结精彩。教师可以总结整堂课，也可以将课堂中某个环节详细地记录下来。比如，这节课的学习目标设置得当，课堂步骤明晰流畅，问题讨论恰如其分。再如，课上有学生提出了有价值的问题，教师进行了有针对性的启发和点拨等。

二是反思不足。有时，教师在课前做了大量的准备工作，但学生在课堂上并不能很好地应对，教与学呈现"两张皮"的状态，这就需要教师反思：到底是没有抓住教材的重点，还是没有戳中学生的"痛点"？面对学生跟不上或不愿跟的情况，应该如何调整教学内容和步骤，让学生学有所得？这些思考都可以毫无保留地记录下来。

三是记录心得。教师每教完一个章节或一个单元后，要像写日记一样，记录每次的授课过程，写下自己最真实的内心感受。

教学反思的写作形式有以下五种。

一是经验归纳式。如果整体教学设计或课堂中的某个知识点在课上教得很成功，就可以作为经验，加以归纳总结。既可以用一篇或多篇文章呈现，也可以是条文式呈现，内容要总结到位，给人启发。

二是失误纠正式。教学不可能做到完美无缺，任何教师的课堂都会有不同程度的失误和遗憾。教师可以在反思中将这些不足真实地再现，并思考纠正这些失误的方法、策略和路径。

三是片段旁注式。哪个节点出现了问题，就在备课本上记下这些问题，这样可以及时提醒自己改正错误。我们看很多名师、骨干教师的备课本，就会发现他们喜欢这种在教案旁做批注的形式，在本子上密密麻麻写满相关文字。

四是案例点评式。教学中确实存在许多不可确定性，如果遇到有价值的教学案例，应该把它们作为珍贵的资源加以利用。详细分析、研究成功或失败的案例，能够写出很有见地的文章，很多教师就是在这样的行动中成长起来的。

五是困惑征解式。困惑与思考是一对孪生兄弟，有困惑就会有思考，思考之后又会有新的困惑。在这"困惑——思考——再困惑——再思考"的循环往复中，用心的教师会就某个章节、某个单元教学中的一些问题写成文章，或虚心向同行请教、学习，这个交流过程中，双方都能得到成长。

教学反思的写作要求，我认为，应当做到以下五点。

一是贵在及时。讲完课之后要及时记录，尽量不要拖延。一些教师常在结课许久后才进行总结，结果关于课堂的记忆已变得模糊，很难还原课堂情境。

二是勤于查阅。教师要经常翻阅教学反思，真正发挥其对教学的提导和警醒作用。

三是善于论事。教学反思并不是单纯地记录课堂上发生了什么，更重要的是分析为什么会发生这样的情况，研究事情出现的前因后果，并挖掘出问题背后的深层因素。

四是勇于反思。针对课堂教学，教师可以从课前、课中和课后几个方面去反思，也可以从教与学的维度去反思。反思是为了把课上得更好。教师必须具备真诚、勇敢的精神，不怕揭短，不怕失败。唯有正视不足，无惧失败，才能不断成长。

五是重在坚持。许多教师明白写教学反思的重要性，却很难坚持。三天打鱼两天晒网，收效肯定甚微。持之以恒、久久为功，才是写教学反思必须遵循的原则。

教育家叶澜曾说："一个教师写一辈子教案难以成为名师，但如果写三年反思则有可能成为名师。"这番话既表明了写教学反思对教师成长的重要性，也强调了坚持写教学反思的功效所在。教学反思是教师专业成长的"催化剂"，值得所有教师重视并实践。

教育的起点在哪里？

教育的起点在哪里？很多教育人都在埋头急匆匆地赶路，却忘了这个最基本的问题。是知识的累积、技能的传授和素养的获得吗？这些当然是教育的应有之义，但它们不是教育的起点。我认为，教育的起点应该在以下三个维度：

一、起于态度

态度是一个人对特定对象持有的一种稳定的心理倾向，其中包括他的主观评价以及由此产生的行为倾向性。在教育过程中，经常有学生对老师苦口婆心的批评不以为然，具体表现为心不在焉，插话顶嘴等。这时老师就会说："你这是什么态度？你这样的态度能改正错误吗？能把学习搞好吗？"其实，如果学生认为你批评得对，他不可能置若罔闻。就是因为他不喜欢，甚至对你的批评深感厌恶，所以他可能就会抗拒。遇到这种情况，老师自身要端正态度，查找原因，寻找更好的教育方式方法。因为只有平等和谐的师生关系、生生关系，学生才能对学习的内容充满期待，这种积极的学习态度才会支持学生开展学习活动，学习的效果才能达到预期。比如，一位教师深入研究教材、教法和学生的实际水平，把课上得很精彩，每节课都能带给学生意料之外的收获和深刻的认知体验，几堂课之后，学生就喜欢上了这位老师，经常盼他来上课。这样在学习中逐渐形成良好的态度有利于学生持续地成长。

教育是一个多元复杂的过程，学生对学习的内在态度决定了学习的质量，同样影响着学生的思维发展。怎样才能让学生有正确的学习态度呢？一是要建设好家庭、学校和社区这座"立交桥"，营造良好的环境，让学生的学习态度向着我们所期待的方向发展。二是要多创设亲身经历和体验的机会，让学生在动手动脑的实践中逐渐感悟，并从中获得满足感。比如，要想让学生对某个职业有正确的认识和态度，最好的办法就是让他在这个职业中实习，体验其中的酸甜苦辣。三是要充分利用好课堂教学这一主阵地，为学生分析社会情境，帮助学生加深对知识的理解，打通与现实世界的关联。我们很多时候只是把课堂作为传授知识的场所，其实课堂教学还有一个非常重要的任务，就是设法将相关知识与现实生活、社会情境建立联系，通过科学原理来分析和认识世界，帮助学生看到自己在某些事情上抱有的偏见和成见，发现禁锢他们理解的内在原因，从而培养他们对知识、对人生、对社会的正确态度。

二、起于兴趣

"知之者不如好之者，好之者不如乐之者。"兴趣是人认识某种事物或从事某种活动的心理倾向，是以认识和探索事物的需求为基础的，是推动人认识事物、探索真理的重要动机。一个人的兴趣能够在很大程度上影响他专注于什么，以及做什么并把它做好。兴趣往往促使一个人的行为集中于某一特定的方向，并在该方向上持之以恒地探索，即使他没有做出世人期待的成果，也会在实践探索的过程中获得各种满足。每个人都有好奇心和求知欲。教育要做的，就是设法呵护学生的这些好奇心和求知欲，让他们在广泛涉猎的基础上，逐渐意识到自己感兴趣的事物和领域，并愿意在这些领域投入时间和精力。

兴趣是学习的基石，它发自内心，教师要培植学生对学习的热爱，对他们的学习愿望、动机、态度加以重视，发挥兴趣的导向作用，使其成为知识的"乐之者"。激发学生的学习兴趣，教师在教学过程中要把学生放在正中央，以学生为本，只有抓住学生在学习过程中的思维特点，进入学生的世界，不断地加强沟通，才能将所有获取到的信息为教学所用，循循善诱，启发学生思考，实现学习高质量。在培养学习兴趣方面，人民教育家于漪老师认为："要抓住新、趣、情、思四个字。"新：保持新鲜感。学生具有好奇好胜的特点，新异的刺激物能引起他们的定向探究活动。教学是一个动态的过程，具有双向互动性，因此教学不能千篇一律，千课一面，而要实时保持新鲜感。趣：增强趣味性。教学过程中要富有趣味，使学生流连忘返，让学生如沐春风。因此，课程必须设置得有吸引力和感染力，学生才能觉得趣味无穷，推动思维进入兴奋状态。情：打造"入情"场。教师要善于创设情境，带领学生置身于教学内容相应的情境之中，使学生耳濡目染，受到熏陶。无论是在备课还是在授课过程中都需要入情，以情传情，以情激情，教师有情感，更能激起学生对学习的热爱，从而深刻领会学习的乐趣。思：加强探究性。聚焦智力活动，以此来激发学生更浓厚的兴趣。"思"不仅指思考，还着重开发学生的思维性，提倡探求，做探索性研究，借此调动学生的积极性、主动性。于漪老师的经验值得我们借鉴。同时，我们还要认识到，人的禀赋各不相同，兴趣爱好也有很大差异，在培养学生的兴趣时，不要企图用统一的方式让学生产生相同的兴趣，而要根据每个学生的实际情况，帮助他们找到自己的兴趣。

三、起于方法

在所有的知识中，有关方法的知识最重要。古人有言："授人以鱼不如授人以渔。"叶圣陶先生说，教是为了不需要教。他们说的是同一个道理，就是要教方法。一个人掌握了某门功课的学习方法，他就拿到了学好这门功课的钥匙。现在的课堂，很多老师热衷于讲解知识而忽略方法的传授，致使教学效率低下。有的老师有方法传授，但只是零碎的，没有找到学习这门学科的规律，也很少归类提升到"线""面"的层次。学生找不到这门学科有效的学习方法，会逐步对它失去学习热情和兴趣，慢慢地，他们就成了偏科生。因此，学生的学习成绩如何，在很大程度上要看老师对所教学科方法的把握。

教育界还有一句话耳熟能详：教学有法，教无定法。它说的是每门功课都有其自身的特点，不能用一个方法去学所有的学科。并且还要根据这门学科此时此地的实际情况有所变通，有所选择，这样才能总结提炼出学习该学科最有效的方法。20世纪70年代末恢复了高考，当时我在一所农村学校备考，我的文化基础都很薄弱，要在短时间内提高成绩，那种难度可想而知。可我遇上了几位能"授人以渔"的老师，历史老师把中国历史的发展脉络写在一张长长的白纸上，上面有年代、朝代、著名人物和事件，他一再叮嘱学生学历史要掌握"时间轴"；地理老师每次上课都会端一个很大的地球仪放在讲台上，他告诉学生，学地理无他，把课本上的知识与地球仪对接起来，形成清晰的空间概念即可。我们按照老师的方法去学，学习成效果然非常明显。后来，我成了一名语文老师，在十多年的教学实践中我对这门学科的学习摸索出一些方法。我深深体会到，语文学习最简单、最实用、最有效的方法无非就是这八个字：精读博览，勤写多练。语文教师在课内外带领学生持之以恒地践行这八个字，师生语文水平的提高就是指日可待的事。如何让学生得法？教师在教学中一要深刻领会本学科的性质和特点，对学科体系做到了然于胸，心中有数，目中有人，手上有法，课堂上才能收放自如；二要激励学生主动探究，从学习中获得成就感；三要和学生一起及时总结学科学习的经验，归纳提炼出便于操作的方法并反复运用到学习中去。

如果我们的教育不过于功利，我们的教师在教学时能时时关注态度、兴趣和方法，我想，学生自然会学得愉快轻松，而且能常常从学习中获得成就感、幸福感。

教育的终点是什么？

教育是通过唤醒、点燃、示范等手段把教育对象由自然人培养成精神健全的人、文明社会的正常人的过程。一个正常的社会人，除了有健康的身体外，还必须有良好的习惯、明晰的责任和正确的价值观等，这些正是教育的目标。

终点之一：良好的习惯

叶圣陶先生说："教育是什么？往简单方面说，只需一句话，就是要养成良好的习惯。德育方面，要养成待人接物和对待工作的良好习惯；智育方面，要养成寻求知识和熟习技能的良好习惯；体育方面，要养成保护健康和促进健康的良好习惯。"怎样的习惯才算好？能使才性充分发展的是好习惯，能把事情做得妥善的是好习惯，能使公众得到福利的是好习惯。习惯养成得越多，个人的能力就会越强。

按照叶老的说法，人的一生要养成的良好习惯很多，概括起来大致可分为两大类：一类是良好的生活习惯。生活习惯涵盖为人处世的方方面面，如饮食起居、运动劳动等。良好的生活习惯主要靠家庭培养，而且宜早不宜迟。比如"食不出声"这个饮食习惯，就宜从小在家庭中养成。这小小的习惯若小时候没有注意到，长大了是很难改过来的。一个有良好生活习惯的人，走遍世界都会受到欢迎。另一类是良好的学习习惯。学习习惯包括预习、专心听讲、随时做笔记、及时反馈总结等。学习习惯的养成主要靠老师的引导，需要老师有意识、有方法。比如读书做笔记的习惯，就需要为师者经常提醒，明确告诉学生，"不动笔墨不读书""好记性不如烂笔头"。学习习惯里有两种习惯是必须养成的。一是自己学习的习惯，二是随时阅读的习惯。有了这两种学习习惯，就具有了持续的学习力，走出校门后，还能不断地向社会学习、向书本学习。一个有良好的生活习惯和学习习惯的人，他的整体素养会自然而然地凸显出来。

良好习惯的养成有关键期。据相关研究，小学一、二年级是学习习惯培养的关键期；三、四年级是纪律分化的关键期；小学三、四年级，初二、高二是逻辑思维发展的关键期。小学阶段是记忆力发展的关键期，是记忆的黄金时期；初中阶段是意义记忆的关键期。抓住关键期培养孩子良好的习惯，除了家庭教育作用外，学校也要做大量深入细致的工作，让孩子懂得关键期的重要性。

养成良好的习惯有很多方法和路径。关键是家庭与学校要相伴而行，并持之以恒。一是良好习惯的养成必须融入儿童日常的生活和学习中，注重生活中的细枝末节，尤其是那些容易出现行为问题的方面。二是良好习惯的养成不能太过繁琐。我曾到一所小学参观，校长津津有味地谈起学校正在实施养成教育，注重培养学生各种习惯。这位校长一共列出了 124 项学生在学校里需要养成的习惯。如此繁琐，真像走火入魔。学生不仅难以记住并做到，还会生厌，产生逆反心理，好端端的一件事反而难以坚持下去。三是良好习惯的养成重在示范引领。中国古代教育词典里有"身教重于言教"这一词条。在家庭教育中，家长要求孩子要多读书，自己如果能率先垂范，闲暇时在家读书，那么你的孩子也会远离电视、游戏，和长辈一起读书的。在学校教育中，教师的为人师表，将影响学生的一生。叶老说："要叫学生怎么样，教师自己先得怎么样；要叫学生不怎么样，教师自己先得做到这个不怎么样，这就是以身作则。"

终点之二：明晰的责任

2015 年，联合国教科文组织在《教育 2030 行动框架》中提出："教育既要培养学生的认知能力，还要培养他们识别和管理情绪、关心他人、做出负责任的决定、建立积极人际关系，以及巧妙应对挑战性情境等社会情感能力。"这里提到的负责任的决策能力，即做决定时尊重他人，考虑道德标准、安全问题、合理的社会规范，以及可能出现的后果，并将决策技能应用于学习和工作中，为社会进步做出贡献。

教师的基本职责就是让学生学会负责地行使公民的权利，这就要求在日常的教育过程中明确地告知学生：权利和责任是对等的，要行使好权利必须先有责任担当。责任担当表现为：一、对自己的责任。无数事实说明，一个精神健全的人的必备素质就是对自己负责。这首先是对自己的生命负责。生命诚可贵，它对于每个人来说都只有一次，不会重来，因此只有珍惜生命，才有可能尽到一个人的责任。其次是对自己的言行负责。通过教育，让自己成为文明社会的正常人，在社会生活中规范好自己的言行，让他人因为有你的存在而感到快乐和幸福。其次是要磨砺强大的内心，正视人生中的苦难。有道是，人生不如意事常八九，我们不能总是盯着那"八九"不如意之事，还是要多看这称心如意的"一二"。二、对家庭的责任。家庭是社会的细胞，只有每个细胞都是健康的，这个社会才会是健康的。既然每个人都是父母所生，家庭所养，那就要承担起家庭的责任。苏霍姆林斯基在他的帕夫雷什学校里给学生上的第一课，就是"爱你的妈妈"。有人问原因，他说，孩子最亲近，也最能理解的就是爱自己的妈妈了。对家庭的责任，学生时代表现为潜心读书，努力锻炼，力争做一个德、智、体、美、劳等全面而和谐发展的人。成年后进入社会，恋爱结婚成家则全力尽到作为一个丈夫或妻子的责任，孝敬长辈安享晚年、抚养孩子健康成长。三、对社会、国家的责任。人生的意义在哪里？除了搞好家庭建设外，一个重要的方面就是为社会进步、国家发展尽到一份力量。如何才能尽到这份力量呢？首先要树立职业无贵贱的意识，无论在什么岗位，都能做到干一行爱一行，勤于学习、善于反思，充分享受职业带来的充实与乐趣；其次是每个人在自己的岗位上与时俱进、开拓创新，把手上的工作做到极致，让人生的价值最大化。这也是教育的成功。

终点之三：正确的价值观

价值观是基于人一定的思维感官而做出的认知、理解、判断或抉择，也就是人认定事物、判断是非的一种思维或取向，从而体现出人、事、物一定的价值或作用。人的价值观具有稳定性和持久性、历史性与选择性、主观性的特点。

记得哈佛校长德鲁·吉尔平·福斯特曾经说过这样的话："教育的目的是确保学生能辨别有人在胡说八道。"在现实生活中，人们为了显示自己得到的信息的完整性，可能会自我杜撰一些内容。也有人是出于为你好的目的，不希望你得知残酷的真相；也有的人是出于更大、更深层面的考虑而不能说出全部实情；还有的人可能故意要引导你走向错误的方向，以达成其不可告人的目的。对于青少年来说，他们正处在青春飞扬、自我意识觉醒和膨胀、有着叛逆情绪的时期，其世界观、人生观和价值观很不成熟，这就需要教育来正确引导。

如何树立正确的价值观？一是要常怀悲悯之心。在美国罗斯福纪念公园的纪念墙上，有一段总统名言：要衡量我们的进步，不能只看我们给富人们带来了什么，更要看我们给穷人们提供了什么基本保障。某一天，当我们的父母被推进医院时，就算身无分文，也能得到精心照料，而我们的孩子被送进学校，不管他们来自哪里，都能得到同等待遇。这样，我才会称这是我的祖国啊！罗斯福的这段话非常有道理，一个国家的文明和进步，不是高楼林立，车水马龙，而是要看每个老百姓，从生到死，是不是有最起码的尊严和幸福感！二是要常怀感恩之心。父母赐予我们生命，天地万物让我们得以生存生活，生活路上常遇贵人，让我们能够实现人生价值最大化，这些都要常记于心，并时时记得回报社会。三是不断提高思辨能力。面对海量的信息，我们要教育学生先问三个问题：这个事情基于常识吗？根植于人性吗？符合逻辑吗？如此思考后再做出自己的判断，这样才不会出现"巨婴现象"。教会他们如何有效地去辨别有人在胡说八道，从而保护自己，树立正确的价值观，走上积极向上的人生道路，这才是教育真正的终极目标。

现代化建设的原动力是什么?

——从日本战后腾飞说起

读完马国川先生的日本三部曲《国家的启蒙——日本帝国崛起之源》《国家的歧路——日本帝国毁灭之谜》《国家的重生——日本战后腾飞之路》,心情很久难以平复。日本,这个对中国乃至整个亚洲造成严重灾难的国家,在一百多年的历史进程中,因明治维新而兴,因选错道路(军国主义和极端国家主义)而亡,二战后在国际社会特别是美国的帮助下,获得重生,短短几十年走上腾飞之路,不得不令人唏嘘感叹!日本的国家道路是世界上很多国家的殷鉴。

日本二战后的快速发展有诸多因素,作为一个老教育工作者,特别关注一个国家的发展与教育的相关度。事实确实如此,日本走上现代化的道路,教育发挥了十分重要的作用。

二战后的日本在教育方面是怎么做的呢?

一、反思二战前的"臣民教育"给国家带来的危害

二战前的日本教育,诚如英国哲学家、教育家罗素在《罗素论教育》中所说,日本教育的目的就是"通过感情训练民众为国家献身,并且以获得的知识来培养于国家有用的臣民"。结果,从上到下都成为军国主义和极端国家主义的俘虏和帮凶。虽然进行明治维新了,但日本的教育还是具有 19 世纪式的绝对主义的教育体制特征,"个人"缺失,忠诚与爱国心未必是所有国民所期望的,问题是如何以合理的

代价对其加以确保。以绝对服从和盲目自我牺牲来确保，代价未免太高了。

因为明治维新，日本迅速崛起。甲午战争、日俄战争的胜利让整个日本狂妄起来，以为大和民族是世界上最优秀的民族，欲征服世界而后快。虽然当时日本不乏头脑清醒之士，但都被强烈的军国主义和极端国家主义思想打压。当时有人指出，举国上下，盛行两种逻辑：一种是逻辑，另一种是日本逻辑。这个"日本逻辑"就是狂妄自大、排除异己、一意孤行，最终使得日本中断现代化之路。这也印证了那句话：上帝让他灭亡先叫他疯狂。

战后，日本人从上至下进行了深刻反思，概括起来有以下五点：（1）日本不够现代化；（2）日本民族对人性、个性和个人缺乏足够的尊重；（3）日本人缺乏批判精神，倾向于盲目服从权威；（4）日本人在科学方面比较落后，逻辑性不强；（5）日本人容易自我满足，思想狭隘。

二、建立承认"个人的价值和尊严"的新型教育

战后的日本，在国际社会的监督和指导下，制定了新的《教育基本法》。新的《教育基本法》宣布："教育不服从不正当的统治，教育直接对全体国民负责。"并且明确："教育的目的必须是完善人格，培养和平国家及社会的建设者，培养爱好真理和正义、尊重个人价值、注重劳动与责任、充满独立自主精神的身心健康的国民。"

新教育指出："不可凡事不明缘由地服从上级命令，而是应该进行自我判断，形成自主性态度，相信自己所采取的行动是正确的。培养个人真正的能力，发挥自己的特色，成为一个出色的人。换言之，

必须认真理解自我个性的完善，同时也是为了国家和人类。只有如此改变日本国民的态度和心境，才能将军国主义以及极端国家主义从根本上且永久性地铲除。"

新教育要求教育者，要不断关心个体之间的差别、创造力与自发性，这就是民主的精髓。同时指出，教师最好的能力只有在自由的氛围中才能得到最充分的体现，提供这种氛围是行政官员的工作，而不是与此相反。儿童所具有的不可估量的资质，只有在自由主义的阳光下才能结出丰硕的果实。教师的工作就是给予这种自由主义的阳光，而不是给予相反的东西。

在战争的废墟上，许多老师站在露天空地上给学生上课，没有桌椅，大家只能席地而坐。遇到下雨天，师生们就撑着伞站在泥水中读书。这样的"教室"被称为"蓝天教室"。战后的日本教育就是从"蓝天教室"开始的。当时的日本人有一个共同的心声："只有教育能够复兴日本。战争使我们的国家遭到破坏，直至变得荒芜，子孙后代无法从我们这里继承任何东西。只有教育，我们能给他们的只有卓越的教育。"

三、教育成为推动日本现代化转型的关键力量

日本 1886 年就实现了四年义务教育，1907 年实现了六年义务教育。清末随夫出使日本的单士厘女士在《癸卯旅行记》中说："日本之所以立于今日世界，由免亡而跻身于列强者，唯有教育故。"

战后的日本，历届政府都把教育作为"国政的根本"，视教育为"重建日本的原动力"。在极端困难的情况下，日本在 1947 年就成功地将义务教育延长到九年，而且入学率达到 99%。到 1948 年，日本

全国范围内完全普及了九年义务教育，堪称奇迹。时任首相吉田茂说："教育在现代化中发挥了主要作用，这大概可以说是日本现代化的最大特点。"

从废墟中站起来的日本人认识到：国家真正的财富，是由全体国民的教育程度决定的。

美国驻日大使赖肖尔说："这一切的最终结果是，日本民族成为一个名副其实的受高等教育的民族。日本的教育在世界上名列前茅，并且在塑造整个社会的过程中发挥了重大作用。"战后接受教育的日本人都在民主自由的环境中长大，成为推动日本现代化转型的关键力量。

日本在战后短短十几年就完成了经济复苏，并以平均每年10%的实际增长率，于1968年成为世界第二经济体，其主要原因也在教育。日本世界经济情报服务中心认为，在1951—1970年的经济增长中，技术作用占50%—60%，这充分显示出教育的效果。

何妨"偷闲"且徐行

今年暑期还没来，很多中小学教师就纠结起来了，因为他们在一些媒体上看到这样的消息：有的省市拟取消教师的假期，让教师在学校里做延时服务。后经证实，这些消息不实。幸亏这是不实的消息，取消教师的假期，这是简单的行政思维在作怪。如果真的这样做，既违反了《中华人民共和国教师法》，又违背了教育教学规律。教师和学生为什么要有寒暑假？一方面契合传统哲学的要义，这就是"一张一弛，文武之道也"。这应该是古人通过长期的观察、实践得出的结论，因为张弛有度才能获得理想的绩效。另一方面是由教育规律而定的，师生经过一段时间的历练、修行后，有必要停下来看看过往的成败得失，以便让未来的教与学做得更好。如果非得用时间来换效率，一味地让师生负重前行，则往往事倍功半。

因此，让教师们有闲时，既而有闲钱、有闲趣，让他们更有尊严地生活，更有心思去工作，也许是当前解决教育中存在的一些问题的有效选项。

一、有闲时才能让教师深入思考

经常收到中小学教师的微信，诉说时间完全不由自己掌控，不知不觉间就溜走了。其中有一个教师这样向我描述他的一天：

早晨，六点钟起床洗漱、做饭，六点五十分去学校，七点二十分签到，然后在教室里打扫卫生，七点四十分学校开始晨读（这个由班主任负责），到八点二十分结束，之后，带着学生做课间操。然后是上课，一天一般四节课，加上"晨读"和"午写"，一共六节课。下午一点五十分签到，批改作业（包括作文、周记、基础知识巩固），每样都是60—80本。每天还有临时安排的事务，晚上不开会一般是七点多到家，做饭、吃饭和收拾后基本上就到了九点钟。然后就是备课，看看第二天讲什么。还有和家长的交流，每天要在微信群里检查学生读书的情况。

教师的时间就这样日复一日、年复一年地献给了琐屑的日常，怎一个"忙"字了得！神经高度紧张的他们，难得有时间静下心来反思教育教学中的得失，对自己的成长也缺乏周密细致的规划，这对于他们的生活和工作是极为不利的。

教师要有闲时休息。唯有今天休息好了，明天才有充沛的精力去应对纷繁复杂的工作，才能使辛勤的付出有理想的回报。

教师要有闲时读书。享誉世界的教育家苏霍姆林斯基说，应当尽可能给教师留出更多的时间用于自学，让他们从书籍这个最重要的文化源泉中尽量地充实自己。这是全体教师精神生活的基础。只有当读书成为教师的一种重要的精神需求，只有在他不仅有书而且也有读书的时间的情况下，他才有可能借鉴别人的经验。苏霍姆林斯基在任帕夫雷什校长期间，为保证教师拥有足够的自由时间采取以下措施：一是让教师摆脱文牍的干扰；二是把教师从繁重的作业批改中解放出来；三是提倡"通过巧妙安排教育教学过程"来赢得时间。

教师要有闲时研究学生。教育者的任务首先是了解孩子，而为了了解孩子，就应该不断地观察、研究。不了解孩子，不深刻注意他们内心深处的复杂活动，我们的教育就是盲目的，也就是没有意义的。因此，不仅要把寒暑假交还给教师，平时也要想方设法为教师"减负"，让他们有更多的自由支配的时间，让他们以快乐的心情、充沛的精力和饱满的状态去应对崭新的每一天。

二、有闲钱才能让教师抵抗焦虑

有关教师经济待遇的问题经常会被拿出来说事。不可否认，近年来教师的待遇确实有提高，但与教师们的期待还是有距离。特别是中青年教师，他们既要承担家庭上有老下有小的重担（政府允许三孩后更是纠结），又要为房贷等大笔支出盘算着，每月都在收入与支出这对矛盾中惴惴不安地算着日子，入不敷出让很多教师焦虑不已。

提高教师的经济待遇应该永远在路上。试想，教师的收入除能自如应对日常生活外，每年还有闲钱买书、旅游，这是多么惬意的事。教师家里有书柜、有书房，那就意味着教师会不断地为自己的专业成长寻找源头活水，他们就不会止于给学生一碗水，自己储备好一桶水；他们会通过阅读让自己的知识成为一条奔腾不息的小溪乃至大河，让学生在知识的河流里尽情沐浴和享受。

有了闲钱，教师还会去旅游，因为他们明白，无论是精神还是身体，总应该有一项在路上，而旅游能使二者兼得。试想，教师每年能走出校门、走出生活的小圈子，到全国乃至世界各地去旅游，这种"读万卷书，行万里路"的获得感会让他们视野开阔、精神澄明，不再为生活、工作中的鸡毛蒜皮之事纠结焦虑，这对于他们做好教育教学工作有莫大的帮助。久而久之，让优秀的人去培养更优秀的人的目标才可以真正实现。

三、有闲趣才能让教师丰盈生命

教师就一定要一天到晚、一年到头都围着学生转吗？作为"人"的教师就不该有自己的空间和"闲趣"吗？我认为，在这个以人为本、多元并存的社会里，教师除了做好本职工作外，还应该有自己的闲趣，以此来丰富生活和丰盈生命。一位身心健康的教师，应当是热爱运动的、精力充沛的，应当是新的精神财富的创造者。

可以从身体保健入手培养闲趣。学校正是一个适合锻炼身体的地方，现在即使是乡村小学，也有比较标准的篮球场和多台乒乓球桌，关键是看我们的老师有没有主动锻炼的意识。课余时间，老师经常出现在运动场上，那敏捷矫健、生龙活虎的样子一定会引来师生的围观，受到大家的喜欢。学校里的女教师，也可以走进瑜伽馆或健身房。试想，一批批女教师通过自我保健，以轻盈的步履、匀称的体态、甜美的微笑、亲切的言语出现在校园里，那是一道多么亮丽的风景啊！在一个朝气蓬勃、健康向上的校园里生活着、工作着，所有的人都会从内心涌现出自豪和幸福的感觉！

可以从凸显兴趣入手培养闲趣。世界那么大，可以培育和发展的兴趣很多。因此，教师在工作之外，要有闲时来发展自己的兴趣与爱好。教师可以根据自己的兴趣爱好，或参加合唱团，一展歌喉；或参加书法班，传承国粹；或参加义工团，经常做公益；或参加读书会，分享阅读带来的感悟；或笔耕不辍，做一个有担当的知识分子。在这样一群有着高尚的兴趣爱好的教师的耳濡目染之下，可以预期，学生也会成为有兴趣、有情趣、有乐趣的人。

可以从深耕专业入手培养闲趣。一个热爱自己职业的教师，他会自觉地延伸拓展自己的学科领域，在自己的专业田地里围绕某个点深耕细作。放眼当今基础教育领域，还真有不少教师因为这样去做，使得自己因有闲趣而越来越充实和自信。四川省成都市新都一中的夏昆老师，他多才多艺，十多年来，在上好语文课的同时，还系统地为学生开设了音乐鉴赏课、诗词鉴赏课和电影鉴赏课，他特别对中国古代诗词情有独钟，经常边聊、边弹、边唱，带领学生共赴一场诗词的盛宴。他出版了诗词鉴赏专著《在唐诗中孤独漫步》《温和地走进宋词的凉夜》，2016 年还成为中央电视台《中国诗词大会》擂主。

熟悉古典诗词的人一眼看出我的这篇文章的题目就是从大文豪苏轼的一句词衍化来的。"无可救药的乐观主义者"苏轼一生坎坷，"问汝平生功业，黄州惠州儋州"。可他是一个特别懂得享受生活的人。他利用平生的闲暇，不仅为我们留下了大量经典的诗文，还留下了好多让我们津津乐道的美食。

来到苹果树下休息的牛顿，面对一个个往地上掉的苹果进行了深入思考，于是有了万有引力定律的发现。世界上许许多多的文明成果都是"偷闲"而来的。因为，人如果生活在匆忙、慌乱、窘迫、逼仄的状态中，是不可能有文明的言语和优雅的举止的，更遑论产生奇思妙想和发现发明了。

教育是慢的艺术，教师和学生的成长都应该是徐徐行、慢慢来。此前，多家微信公众号转发李希贵校长一篇题为《给教育一些"闲暇"》的文章，李校长认为，我们的教育要真正走出浮躁，走出急功近利，就应该给教育一些闲暇。他说道，纽约大学教授尼尔·波兹曼经过认真考证后发现，"学校"这个概念是希腊人发明的，在希腊文中，"学校"一词的意思就是"闲暇"。因为只有在闲暇的时候，一个有文明的人才会花时间去思考和学习。也许很多人会觉得，在当前的教育现实面前谈给教师这个"闲"那个"闲"，恐怕只是梦想而已。不过，既然有了梦想，我们不妨大声呼吁、努力实践，万一这个梦想实现了呢?!

辑四

好教师

从淬炼育人的本领中来

学校和教育工作的实质所在

50 多年前，伟大的教育家苏霍姆林斯基写道："一种热爱书、尊重书、崇拜书的气氛，乃是学校和教育工作的实质所在。一所学校可能什么都齐全，但如果没有为了人的全面发展和丰富精神生活而必备的书，或者如果大家不喜欢书籍，对书籍冷淡，那么，就不能称其为学校。一所学校也可能缺少很多东西，可能在许多方面都很简陋贫乏，但只要有书，有能为我们经常敞开世界之窗的书，那么，这就足以称得上是学校了。"在这位伟大的教育家眼里，学校和教育工作的实质，就是营造热爱书、尊重书、崇拜书的气氛。

在当今中国，谈读书成了一件奢侈的事。虽然近几年，年度政府工作报告都有倡导"全民阅读"的建议，有的地方还以政府名义推动，但效果不佳。国民年度阅读纸质书的数量，每年增加不到半本，至今人均不到六本。国人读书的记忆只在每年的 4 月 23 日世界读书日被稍稍唤醒，节日过后又是习惯性地将书束之高阁。

这也难怪，因为现在就连最应该读书的人群——教育者，也被功利、浮躁的热浪冲到沙滩上，很少有人能畅游书海，而教育人是引领社会风气之先的人，教育人应该是读书人，特别是教育局局长、学校校长和教师，应该成为读书的种子，为全民阅读展现自身的价值。

一、局长只有爱读书，才能了解学校和教育工作的实质所在

经常听到这样一句话：一个好局长就是一个区域的好教育。诚哉

斯言！一个区域的教育局局长如果只会上传下达、送往迎来，终日端着一副官僚的架子，只唯上，不务实，这一方土地上的师生一定是痛苦的。反之，一个区域有一位有情怀、能担当、肯实干的局长，那一片土地上的教育风气一定是正的，教育生态一定是好的，教育质量一定是高的，师生都会有很强的归属感和很高的幸福指数。成为好局长的前提是爱读书。因为只有不断地学习，才能了解学校和教育工作的实质；才能引领一个区域内的广大教育工作者走在正确的教育大道上。我所了解的基层教育局局长如吉林抚松县的陆世德、上海虹口区的常生龙、四川阆中市的汤勇、江西弋阳县的方华等，他们自己就是读书人，被当地老师们尊为学者局长。常生龙局长在《局长为什么要读书》一文中写道："有专门培养教师的师范大学或者专业，但没有培养教育局局长的专门机构。教育局局长必须成为一名学习者，去了解教育发展的最新动态，去把握教育发展的基本规律，去找寻区域教育改革的最佳路径，去设计教育实践的核心项目。"这些局长用行动全力推动区域内师生阅读，近年来均被《中国教育报》评为全国推动读书人物。他们勤于学习、善于思考、勇于探索、精于总结，他们联系工作实际，撰写了大量的教育随笔和论文，都出版有自己的专著。他们用自己的才干和实绩，诠释出学校和教育工作的实质所在，彰显出教育局局长的追求和价值。

二、校长只有爱读书，才能了解学校和教育工作的实质所在

苏霍姆林斯基说过："学校领导首先是教育思想的领导，其次才是行政领导。"校长要有自己的教育思想，一靠读书，二靠实践。我这里只说读书。有人说，没有阅读的学校是假学校，没有阅读的教育

是假教育，没有阅读的人生是有缺陷的人生。读书，那是与先贤的智慧碰撞，那是站在巨人肩上的远眺。学校里，教师们最不能容忍的是校长只把自己当领导，整天在师生面前指手画脚，一年到头只会冷冰冰地布置工作，难得有生活感悟和教育智慧的分享。教师们最欣赏"清、情、净、静"的校长。"清"是指校长办学思路清晰，对学校情况清楚；"情"是指校长对全体师生饱含深情，对天地万物充满感情；"净"是指校长衣着干净、思想纯净，举手投足尽显儒雅气质；"静"是指校长能够冷静地处理教育教学中的矛盾和问题，能够静下心来读书学习。校长有科学的教育思想，有切身的教育行动，并且身体力行，手不释卷，师生必定会孜孜不倦。我所了解的程红兵、李镇西等校长，人称"书生校长"。他们骨子里就是读书人，因为读书，他们视野开阔、立意高远。他们在校园里营造出一种热爱书、尊重书、崇拜书的气氛，引领师生在书海里遨游，这些学校和它里面的所有人，面貌和气质都在改变，都变得自信阳光、蓬勃向上。

三、教师只有爱读书，才能了解学校和教育工作的实质所在

唐代文学家、教育家韩愈给教师下了准确的定义：师者，所以传道、授业、解惑也。一千多年来，虽然社会在发展、时代在进步，但教师始终恪守职责。时至今日，教师被定义为"首席学习者"。这就更加凸显出教育者终身受教的理念。教师主动读书、坚持读书，应该成为一种生活常态。一个不读书的教师，是教不出爱读书的学生的。只有教师好好学习，学生才能天天向上。因为，在中国的教育词典里，有"身教重于言教"这一词条，更有"桃李不言，下自成蹊"这一箴言。我建议，教师读书可从三个方面入手：一是读与学科专业有

关的书，包括课标、教材、专业杂志和本学科前辈的著作；二是读有关教育理论的书，几千年来，留下的教育理论专著浩如烟海，我们可以择其影响深远的读之，从苏格拉底到中国的教育名家，从孔夫子到陶行知的著作都要了解其理论精要；三是读提升人文科技素养的书，哲学、美学、历史、文艺等都要有所涉猎。教师读书越多，对学校和教育的认知就越深刻。我所了解的吴非、闫学等老师，手不释卷，涉猎广泛。教师只有把自己变成一个"杂家"，才能在课堂上信手拈来、游刃有余，才能让学生感受"神奇"。理想的教师应该过一种以读写为伴的生活，成为学生生命中重要的贵人。

最近，我有机会去看了几所中小学，看到一些令人振奋的情况。有的学校直截了当地把"读书做人"作为办学目标，没有那些叫人半懂不懂的口号；有的学校教学楼每层走廊都配置开放式书架，把图书室（馆）里的图书陈列在书架上，书架旁还有小凳子，让学生随时可以拿到书坐下来看；有的学校装修出品位很高的教师书吧，给老师辟出一个温馨的阅读空间；有的学校定期组织学生读书心得演讲赛、教师读书分享会。走在这样的校园里，可以感受到浓郁的书香气息，觉得这才是真正的学校，这才是学生愿意来的地方、真正读书的地方。

当我们都明白了学校和教育工作的实质，当我们都清楚了办好学校和教育的路径，与其坐而埋怨，不如起来行动，与其临渊羡鱼，不如退而结网。每一个教育人，从自身做起，捧起书，孜孜不倦、久久为功。那么，"办人民满意的教育"就不会只是一个缥缈的愿景！

教育就是让学生对未来充满希望

阿尔弗雷德·阿德勒，奥地利心理学家、精神病理学家，个体心理学派的创始人，是弗洛伊德的学生，但也是精神分析学派内部第一个反对弗洛伊德心理学体系的心理学家。

阿德勒在他的相关著作中强调，学校必须将小孩当作一个具有整体人格的独立个体来看待，当作一块有待雕琢的有价值的璞玉来看待。与此同时，学校必须学着运用心理学的视角来对个人的一些特殊行为进行分析和判断。因为，每个个体的人格都是一个统一的整体，而且这种整体人格的行为表现和个体逐渐建立起来的行为模式是一致的。儿童的每一个行为都表达了其全部的生活和个性人格，因此，如果我们不了解这种隐藏在其行为中的生活背景，就很难理解儿童的有些行为。对于这些行为的表现我们称为"人格的统一性"。作为教师，首要任务就是赢得孩子的喜爱，并以此培养孩子的勇气。同时，教师还应该明白从某个单一的迹象中就能推断出很多品质或特征的存在。比如对于一个喜欢依靠某些东西的小孩，我们可以立刻推断出他肯定存在焦虑性和依赖性等特质。

在阿德勒看来，仅以孩子的学习成绩为标准就对他进行评价和判断则显得愚蠢至极。倒是应该把学习成绩作为融合了孩子多方面情况的一种当前心理状态来反映。这个成绩单不仅是他所取得的分数，还应该作为他的智力、兴趣、专注能力等方面的一种体现。如果老师在和学生的接触过程中以富有同情心和理解的心理尽可能地放宽学校的清规戒律，那么这对于儿童的教育将会非常有效。

影响一个人的成长因素是多方面的，教师不应该认为自己是孩子的唯一教育者。外界的影响源源不断地流入儿童的心理世界，直接或间接地塑造着这个孩子，也可以说，外界环境通过影响父母以及影响父母的心理状态，而间接影响儿童的心理。这些外在影响是无可避免的，因此必须将其纳入考虑之中，而最好的教育方式是让儿童从实践经验中学习，这样也会比较理智，这样的教育方式，不会使儿童的行为因别人强加的逻辑而受到限制，而是让儿童根据客观事实本身来引导自己。

在儿童的教育过程中，所谓的权威教育使儿童和教育者渐渐疏远。最大的错误就是父母或教师给正处于迷途的儿童预言了一个不好的结局。这个愚蠢的断言增加了儿童的胆怯，让迷途儿童的情况变得更加糟糕。一旦儿童丧失了对未来的信念，那么结果就是，他在现实生活面前退缩，并在生活的无用层面努力建立一种补偿机制。教育者最重要的责任，几乎可说是神圣职责，就是确保在学校的儿童没人会失去勇气，而且，即使入校前儿童已经灰心气馁，学校和老师也应该努力让他们重拾信心。使儿童对未来充满希望、勇气和快乐，是教育者的职责所在。

因此，教育者必须要有耐心。如果一个儿童努力在提升自己，但是偶尔会出现后退的情况，那么一个明智的办法就是教育者向儿童解释，成功并非一日之功。这种解释会使儿童得到安慰，不至于让他对自己过于失望。永远不要去相信，我们羞辱或奚落一个孩子就可以影响他，使他真正改善自身的行为，尽管有时候我们会看到孩子似乎改变了，但其实是因为他们害怕被嘲笑。我们要知道，训练一个小孩野心勃勃是没有益处的。相比之下，更重要的是锻炼小孩拥有勇敢、坚韧和自信的品质，让他认识到在面对失败时要有永不气馁的精神，而且，应该将这种挫败当作一个新的问题去对待。

教育者不仅影响着学生在学校中的命运，还影响着他们以后的个人成长和发展。学校提供的教育和培训，对个人未来起着极为重要的作用。学校处于家庭和社会之间，因此学校有机会纠正孩子在家庭教育中所培养的错误的生活方式，有责任使孩子为了适应社会生活而做好准备，也有责任确保孩子在社会这支管弦乐队中和谐地扮演好自己的个人角色。

阿德勒通过大量的考察和研究发现：人们往往觉得一个健康的心智必然寓于一个健康的身体之中。其实这种看法未必正确。我们有时候会发现一个病态的身体内，也有可能存在一个健康的心态，只要这个人不为身体缺陷所惑，能够勇敢地面对生活。另外，即便身体健康，倘若经历了一系列的不幸事件，有时也难以保持健康的心智。任何一个失误和挫折都会使孩子觉得自己无能。这是因为他们对困难格外敏感，而且觉得每一个失误都是自己无能的证据。阿德勒不主张对儿童采取严厉式的或温和式的教育方式。他认为教育儿童所需要的是理解，要避免儿童犯错以及不断地鼓励他们去面对和解决自己的问题，并培养他们的社会情感。

阿德勒坦言，性教育的真正问题不仅是对孩子解释性关系的生理问题，还涉及培养他们正确的爱情观和婚姻观的问题。阻止青春期的孩子出现问题的最好预防措施之一就是培养孩子的友谊。孩子应该与别的孩子成为好朋友、好伙伴，同样，孩子与家庭成员、与家庭之外的成人之间也应该形成良好关系。家庭成员之间应该互相信任。在青春期，只有一种类型的家长和老师可以继续给予孩子指导，这种类型就是那些乐于和孩子做朋友，能富有同情心地管教孩子的人。

作为父母和教师，不仅有责任提供孩子阅读、写作和算术方面的教育，还要帮孩子建立健康成长的心理基础，这样孩子才能更好地面对生活中的困难。我们要明白，儿童和成人在应对困难时有多么的不同。在我们试图重塑一个孩子的生活模式时，我们必须以一种最谨慎的态度对待这件事，同时，还要确保这件事有一个正确良好的结果。只有那些对孩子的教育和再教育深思熟虑、进行过客观判断的人才能够更确定地预测出教育努力的结果。在教育工作中，实践和勇气是必不可少的，它们也是一种不可动摇的信念。即相信无论在何种情况下，我们总能找到防止孩子们走向崩溃之路的方法。

阿德勒一百年前"把儿童作为整体的人看待""人格教育是对孩子最好的教育"的论述至今仍然应该是教育者必须遵循的原则。他在著作中反映的问题，时至今日仍然存在，在某个时期、某些地区还相当严重。我们在关注孩子阅读、写作和算术之外，对于他们的精神世界关注太不够了，以至于培养全面和谐发展的人还是一个遥远的目标。

不停地读书才是最好的"补习"

每逢放假季，就到了家长焦虑的时节，也到了孩子纠结的时节。家长的焦虑在于：放假了，我们该给孩子报几个补习班呢？孩子的纠结在于：放假了，父母会让我好好玩玩或自由自在看看书吗？

这个时候，家长和孩子好像处在了两个阵营里，沟通得好的，两个阵营各退一步，父母孩子会比较平静地度过假期。若互不让步，双方各持己见，常常吵嘴怄气，最终会不欢而散。

趁着假期，父母针对孩子的薄弱学科，选择相应的补习班补补课，这本无可厚非。只是我想说，小学阶段是培养良好阅读习惯和阅读能力的黄金塑造期，如果此时父母过于强调成绩，极有可能会扼杀孩子的兴趣、天赋和创造力。另外，你让孩子去补习：第一，你认真考察过遍布街头巷尾的、名目繁多的补习机构吗？他们的培训场地和师资是不是你心里满意的？与宣传资料上说的一致吗？第二，你去给孩子报名补习，征求了孩子的意见吗？你了解过他们是从心底乐意去的吗？如果这两点你都不掌握，你是不是觉得这样做太独断、太轻率了？它能达到你的预期效果吗？我想说，它肯定是事倍功半或是事与愿违的，有时甚至是吃力不讨好，抑或是好心办坏事了呢！

因为6—12岁，是孩子阅读能力（即学习能力的基础）长足发展的黄金时期，所以可以说，这六年，什么都没有比大量阅读、大大提高阅读能力更为重要。如果一个孩子从来没有读过一本好书，甚至从没读过一本超过10万字的好书，而是把大量时间都投入到学校课本和大量作业里去了，那么，这个孩子的天赋智慧就不可能被挖掘出来。

小学阶段的孩子，不可以把主要精力都投入到课本和作业里。因为小学课本的单一性和浅显性，远远不能满足一个孩子个体成长的需求。只有让他们去阅读古今中外的名著经典，广泛涉猎百科常识，才可以让孩子的智慧不断生成，精神不断丰盈，最终形成一种强大的发展能力。所以，假期里应该引导孩子读书。阅读才是最好的"补习"。

有的家长会问：孩子有的学科跟不上也去读书吗？我的回答是肯定的。我们要分析为什么跟不上。依据加德纳的"多元智能理论"，一个人的智能是多方面的，有的人语言能力强而数理能力弱，有的人运动能力强而表达能力弱，等等。了解了人的智能存在多元性，也就理解了很多孩子为什么跟不上。事实上，小学阶段的成绩具有很大的欺骗性，因为孩子把全部时间都投入到课本和作业里去了，自然就没有时间去大量读书，而这如同丢了西瓜捡芝麻。你让孩子去补习，即使考了高分，哪怕是满分，对孩子的全面发展而言也是一种巨大的损失。这种损失到了初中就开始显现出来，很多中学老师都知道一种奇怪现象：那些小学阶段单单靠投入全部时间和精力获得高分的孩子，升入初中后成绩下降迅速，这些孩子越学越不会学了。恰恰是那些小学阶段成绩平平，但博览群书、见多识广的孩子成绩上升空间巨大、上升力量强大，他们往往后发制人、潜力无穷。

行文至此，我想起了教育家苏霍姆林斯基的话，这段话就像是针对当今焦虑的中国家长说的。他说，当孩子学习困难时，不要靠补课，也不要靠没完没了的"拉一把"，而要靠阅读、阅读、再阅读。他还说，阅读是对"学习困难的"学生进行智育的重要手段。学生学习越感到困难、在脑力劳动中遇到的困难越多，他就越需要多阅读。"学习困难的"学生读书越多，他的思维就越清晰，他的智慧力量就越强大。

这位伟大的教育家给我们的忠告是，提升孩子的学习成绩不是做题、做题，而是阅读、阅读、再阅读！

当然，用阅读代替"补习"，也不是一件简单的事。当代教育名家、北京十一学校李希贵校长曾说，在什么年龄读什么书，这是一个非常简单甚至人所共知的问题，但事实上却一直被忽略了，尤其表现在中小学的语文课堂上，我们一再错过了孩子们黄金一般的阅读年龄段。李校长的话告诉我们：孩子成长的路上，向他们推荐什么书是一个严肃而重大的事。在这个问题上，我觉得我们的学校、老师特别是语文老师责无旁贷。

德国著名童话家格林说：所有的童书都是预言书。童年一闪而逝，儿童瞬间长大成人。如果我们认真、用心地研究儿童，如果我们用儿童的视角和立场对待儿童阅读，我们一定会发现，人类文明的王冠之上，最为娇嫩也最为美丽的那颗珍珠，就是儿童的精神世界。当代教育名家、新教育实验的倡导者朱永新说：早期阅读对人们的影响无疑是刻骨铭心的，是塑造精神趣味与人格倾向的，自然，也是多少能够预测未来的。我们要通过儿童阅读让儿童的精神世界变得更为美丽，也要通过儿童阅读去塑造儿童美好的人格，更要通过儿童阅读去创造一个民族幸福的未来。

对于儿童而言，阅读是帮助他们认识世界，形成对于人生、对于未来的基本态度和价值观的最主要的路径。怎样向孩子推荐适合他们阅读的书籍呢？这当然要根据孩子的年龄而定。对于书本的内容，我觉得当代著名作家、茅盾文学奖获得者周大新先生的话值得参考。他说，向孩子们推荐书的时候，应该把握两个标准：第一，这本书是否在传达爱？第二，这本书是否在告诉孩子什么东西是美？

真善美，就是我们给孩子最美好的东西。通过真善美的滋润，通过持之以恒的、大量的阅读，我们的孩子就能够成为精神丰盈的人。

苏霍姆林斯基说，一个真正的人应当在灵魂深处有一份精神宝藏，这就是他通宵达旦地读过的一两百本伟大的书。其实，他说的正是儿童、少年、青年时代的这种阅读，纯粹、沉醉、全神贯注、通宵达旦（儿童、少年时期不提倡通宵达旦），没有功利色彩，这种感觉如爱情一样深刻影响人的一生。

　　当假期即将来临的时候，是急于给孩子找补习班，还是根据孩子的意向从容地为他们准备一份书单？这，事关孩子的精神成长，事关孩子的全面和谐发展，我们还真的马虎不得！

让学生带走渴求知识的火花

毕业季到了，手机又被一篇又一篇激情澎湃的校长毕业赠言刷屏了。

无论是中学校长还是小学校长的毕业赠言，都无一例外地会出现"国家""责任""梦想""命运"等热词。没错，对年轻人，应该让他们心系天下、肩负责任、怀揣梦想、扬帆远航。这里，我只想问：学生在学校学习了六年或者三年，今天毕业了，学校给了学生什么？

很多人都读过台湾作家张晓风的一篇散文《我交给你们一个孩子》。文章写道：一位母亲看着自己年幼的小儿子挥手再见独自上学的背影，感慨道："世界啊，今天早晨，我，一个母亲，向你交出她可爱的小男孩，而你们将还我一个怎样的人呢？"看到这走心的词句，每个读者都能感受到母爱的情真意切，感受到家长对学校的殷切期待。今天，当一批又一批学生走出中小学校门，我又想起了张晓风的这篇散文。

此时，我还想起苏霍姆林斯基的一段话：我们应该使每一个学生在毕业的时候，带走的不仅仅是一些知识和技能，最重要的是带走渴求知识的火花，并使它终生不熄地燃烧下去。

是啊！我们的学校除了给学生足以毕业的知识和技能，还让他们带走了渴求知识的火花吗？这是我们每个学校都要回答的问题。

苏霍姆林斯基这里所说的"渴求知识的火花"是什么呢？答案当然有很多，如帮助学生确立适中的奋斗目标，帮助学生打造阳光积极的心态，注重学生社会适应能力的培养，注重学生挫折承受能力的培养，注重学生团结协作能力的培养，不一而足。

我理解这"渴求知识的火花"是让一个人一辈子受用的东西，比如兴趣、方法和习惯。

先说兴趣。我们都知道这么一句话：兴趣是最好的老师。一个孩子，如果他在学校读书六年或三年，在他毕业离开时对读书学习还是兴趣不减，对世间万物都保有兴趣，那就要恭喜你了，你的学校教育是成功的。这说明你的学校在日常的教育教学过程中，除了上好课，肯定组织了很多丰富多彩的活动，让学生在活动中学习兴趣、能力得到提升，而不是一味地让学生做题、做题、做题，并把学习成绩作为衡量学生成长进步的唯一标尺。学生的学校生活对他们一辈子都是难以忘怀的。曾经看到这么一个案例，说的是南京某小学，以管理严格、质量优良著称，惹得多少家长趋之如潮。学校更以培养出一大批人才而自豪，把一些优秀毕业生的大头照片和他们的先进事迹悬挂在学校显著位置，让前来参观的同行无不羡慕。可有一天，从这所名校毕业的多名学生，在国外读博士，同时在媒体上发声，痛苦地说起小学生活是如何的不堪回首：没有回答出问题不能坐下；作业稍有书写不工整，老师就当着全班同学撕毁；和老师"评理"，一不合意就被驱逐出教室；等等。这些学生说，本不应该这样忘恩负义、恩将仇报，只是觉得不说出来，对不起自己的良心，更对不起后来的学弟学妹，不想让他们过自己那样的生活。这些学生的吐槽在当时引起了轰动，让这所名校痛苦纠结了好一阵子。这个案例很好地证明了学生在学校里仅仅获得了知识和技能是远远不够的，更希望学校、老师给他们本应快乐的童年，保护好他们的好奇心，还有求异思维和创新意识。

再说方法。有道是，在所有的知识中，关于方法的知识最重要。

一个学生在学校里，在老师的引导下，掌握了各门功课的学习规律和方法去学习，他的学习一定是快乐而高效的。我中学毕业时，正逢国家恢复高考，基础差、底子薄的我们，视高考如登天之难。教我们语文（同时又教历史、地理）的朱老师看出了我们的畏难情绪，鼓励我们振奋精神、刻苦学习，接受祖国挑选。他给我们讲所教学科的学习规律和方法，告诉我们：学习语文主要是多读多写，学习历史要有时间观念，学习地理要有空间概念。我们按照他的方法，学习起来果然效果明显。时代发展到今天，如果还停留在原来的一些学习方法的掌握和思维定式上是远远不够的。中国教育科学研究院原院长，现华东师范大学教授袁振国先生说，当今社会做同样的一件事，面对同样的场景，遭遇同样的困境，为什么不同的人会有不同的格局、不同的境界、不同的结果？他认为，关键是思维方法，也就是思考问题的方法。思维方法是最高的智慧。知识可以补充，能力可以锻炼，性格可以陶冶，而思维方法成为定式却难以改变。所以形成良好的思维方法对一个人的工作生活非常重要。袁教授提出了学校要注意培养学生专业思维的建议。所谓专业思维，就是通过专业训练后形成的专业态度、专业精神、专业素养。专业思维不仅是专业的知识和技术，而且是任何一个专业在发展过程中不可缺少的批判的品质、研究的态度、实事求是的精神。学校在引导学生掌握必要的学习方法的同时，还重视思维方法的培养，那从这样的学校里走出来的学生将有无限的潜力。

最后说习惯。叶圣陶先生说，教育就是要培养习惯，一个人有了良好的习惯，终身受用。作为一个受过教育的人，他终身应该有良好的生活习惯和学习习惯。良好的生活习惯主要是学校配合家庭养成，学校也能有所作为。20多年前听过一次教育名家吕型伟的报告，他深情地回忆：“从小学到研究生，教过我的老师别说上千也有好几百，很多老师教的课都忘了。但有一堂课至今没忘，那是小学的第一堂课，这堂课老师没有教课本，而是端着一个洗脸盆走进教室。我们看到盆里有水，还有一条毛巾。老师望着我们这群刚走进学校门的孩子，亲切地说：'孩子们，从今天开始你们就是学生啦！作为学生就要每天讲卫生哟。来，今天老师教你们怎样洗脸。'说罢，老师就站在讲台上示范怎样洗脸，边洗边说：'洗脸可不能只洗眼睛、鼻子、嘴巴这些地方，下巴、脖子后、耳朵根，都是属于洗脸的范围。'”这堂课让他记了一辈子！一个有良好生活习惯的人，走到哪都会受到欢迎与尊重。良好的学习习惯主要是家庭配合学校养成。对于中小学生而言，有两种习惯是必须养成的。一种是自己学习的习惯，另一种是随时阅读的习惯。有了良好的学习习惯，学生即使今天从学校毕业了，走出校门后，他们也会保有持续的学习力，他们的人生也必定是丰富而精彩的。

值得庆幸的是，现在有很多校长能从"为学生的一生发展""为学生的幸福奠基"这样的理念出发去筹谋教育工作，很多教师能从兴趣、方法、习惯等方面去落实这些教育能够做的和应该做的。让学生毕业离校时"带走渴求知识的火花，并使它终生不熄地燃烧下去"。

如此，中国的未来一定是美好的。

教育应该成为一件美好的事

读伯特兰·罗素，有三点给我留下深刻印象。一是他的长寿，他生于1872年，终于1970年，在世98年，几乎跨越了一个世纪；二是他在政治、哲学、经济、教育、文学等多个领域成就斐然，是百年难遇的全才；三是他80岁才开始文学创作，却于1950年获得了诺贝尔文学奖。

罗素曾言："有三个简单的而强烈的热情决定我的一生，即对爱的需求，对知识的渴求和对人类苦难的难以承受的同情。"

罗素从以下三个方面阐明了对教育的深刻理解。

一、教育的真正目的是培养理想的人格

罗素对现代教育的冀望，着重体现在人格教育和智力教育上。他认为，教育本身只是手段，教育的真正目的是培养理想的人格，理想人格的特质是活跃、勇敢、敏锐和聪明。智力教育是让孩子形成独立判断与思想的关键。自由是罗素推崇的重要教育原则，作为教育者，我们不能通过恐吓、威胁或者热衷于灌输自以为正确的观念去教育孩子，而忽视和牺牲了孩子的未来。学校培养出来的人应该精力充沛、坚忍不拔、身强力壮，具有某些不可动摇的信念，高度正直并且坚信自己肩负天下大任。

他指出，教育应该培养人追求真理，而不是相信某种特殊的信条就是真理。他主张教育方法应"减少很快的讲授而多事于讨论，给学

生以更多的机会使他们受到鼓励来发表自己的意见，更多地尝试使教育的内容能使学生感到一些兴趣"。对于教师来说，"不仅不应当要求教师发表千篇一律的意见，而且要尽可能避免出现这种情况，因为教师各抒己见是健全的教育所必不可少的"。他认为教育不应该是使人轻信的教育。他指出，这样的教育，"经过一个时期很快就会引导到思想的腐朽"。

二、父母在孩子成长中的作用无法替代

罗素认为，每个孩子都喜欢表扬，讨厌责备。通常，渴望好评是人一生都会保有的主要动机之一，它对于激发善行和遏制贪婪是很有价值的。如果我们能更加明智地赞美他人，它就可能更具价值。教育在于释放天性，而不是压制天性。对于大部分天性来说，需要某种技能才能得到满足。教育的秘诀就是给孩子提供可以引导他有效释放天性的那些技能。他提醒家长，当梦想是一种动力时，它们就是实现人类理想重要目标的工具。扼杀童年时代的想象无异于让孩子变成现实的奴隶，像是被牢牢拴在地球上的生物，因此不可能创造出天堂，而强行对孩子灌输道德观念是无用的。唯一的结果就是引起孩子的厌烦，以及到了这些观念本可以形成有力影响的年龄，他们却毫无触动。在现实生活中，受到友善对待的孩子，眼睛里充满坦诚，即使与陌生人在一起也不会缩手缩脚；受到无休止的挑剔和严斥的孩子，则总是害怕遭到责骂，在以自然的方式做事时，他都担心违反了某条规矩。我们可以看到，通情达理的父母培养出来的孩子也是通情达理的。一定要让孩子感受到父母对他们的慈爱，而不只是感受到父母对他们的责任和义务——没有孩子会对此心存感激。这种慈爱是暖心的

爱，即看到孩子在身边，看到他们的一举一动就真心欣喜。

现实告诉我们，如果孩子从很小的时候，就被引导怀着爱心去观察生命的发展过程，从而感受生命的价值；如果他们习得了各种建设性技能；如果有人能使他们领悟到，一项多年苦心孤诣打造的成果可以多么轻易地被毁于一旦——如果所有这些构成他们早年道德教育的一部分，他们就不会那么随意地破坏别人费心创造或爱护的东西。如果一个社会的男性和女性，通过受教育而变得极其活跃、勇敢、敏锐和聪明，那这个社会将与迄今存在过的所有社会都迥然不同，很少有人会不幸福。

三、要让学生主动学习成为一件美好的事

罗素认为，教育的驱动力应该是学生的学习愿望，而不是教师的权威。只要有可能，就应该让学生主动学习，而不是被动接受。这是使教育成为一件幸福美好之事而不是折磨的秘诀之一。每个正常的孩子都有自发学习的意愿，就像他们努力学习走路和说话时一样，这种意愿才应该是教育的驱动力。

智力的天然基础是好奇心。恰如其分的好奇心是由对知识的真正热爱激发的。教育应该培养的，既不是对怀疑主义的默认，也不是对教条的默认。它应该产生的是一种信念：在一定程度上，知识是可以获得的，虽然可能要克服一些困难；任何时候，大部分被认为是知识的东西都可能或多或少地存在错误，但这些错误可以通过细心和勤奋来加以纠正。知识的传授应当是出于智力发展的目的，而不是为了证明某个道德或政治结论。从学生的角度来看，教学的目的应该部分是满足他的好奇心，部分是给予他所需的技能，以便他可以设法满足自

己的好奇心。从教师的角度来看，教学的目的也应该是激发某种能带来丰硕成果的好奇心。但即使是学生对课程之外的东西感到好奇，也绝不能打击这种好奇心。

很多教育研究者指出，对孩子进行抽象的道德教育是一种愚蠢的做法，只会浪费时间；所有的教诲都必须是具体的，并且要出于当时实际情况的需要。而恰当的教育使人可以合乎本性地生活，但这种本性是经过训练和培养的，而不是那种纯粹自然获得的未形成的原始冲动。技能是天性的杰出塑造者，能提供某些特定满足感的技能。给予一个人合适的技能，他会成为有德行的人。

赞扬和责备对于幼儿来说是一种重要的奖励和惩罚形式。第一，赞扬和责备都不能采取对比的方式。不应该告知孩子他比某个孩子做得好，或者说某个孩子从不淘气，前者会产生轻蔑，后者会产生仇恨。第二，对孩子的责备应该远远少于对孩子的赞扬。它应该是一种明确的惩罚，以应对某些意外的失当行为。第三，凡是孩子理所当然做的事，都不应该给予赞扬。教育与其他人类事物一样，进步的唯一途径是用爱来驾驭科学。没有科学，爱是无力的；没有爱，科学是具有破坏性的。教育必须有爱的激发，又必须以培养孩子的爱心为目标。

今天，我们的教育竞争太大了，家长、老师和学生孜孜以求的东西，其实离教育的初衷渐行渐远。如何让教育回归本质，让它真正成为每个人的人生之路上幸福、美好的经历，所有教育工作者可能还要走很长的路，下很大的力。

教师和家长最神圣的使命是什么？

玛利娅·蒙台梭利是 20 世纪享誉全球的幼儿教育家，她所创立的、独特的幼儿教育法，风靡了整个西方世界，深刻地影响着世界各国的教育。

蒙台梭利在她的演讲和著作中一再指出，教师和家长最神圣的使命，就是去了解尚未被认识的儿童，并把他从所有的障碍物中解放出来。对于成人来说，儿童的心灵是一个深奥难解的谜。这个谜之所以使人感到困惑不解，是因为成人是根据儿童心灵的外在表现，而不是根据它的内在心理机能来做判断。对儿童的任何影响都会影响到人类的发展，因为一个人的个性特征就是在他心灵敏感和充满秘密的童年时期形成的。在儿童的活动与成人的活动之间最大的差异是：成人在达到完美境界和实现身体充分发展的同时，也使物种的本能实体化，这将引导他以一种稳定的方式在外部世界中行动；幼儿通常缺乏与本质有关的一些不再变更的本能，而拥有大量易变的和连续的本能，这些本能将引导他变得成熟。

蒙台梭利认为，一个正常儿童的最显著特征就是他的自信和责任感。儿童的正常发展需要适宜的环境、谦虚的教师和科学的材料，这是对儿童进行教育的三个外部条件。真正的教师不仅是一个不断努力使自己变得更好的人，还应该是一个能够消除内心障碍的人，因为这种内心障碍使他不能理解儿童，所以他要消除它。在对儿童的教育中，全部问题的关键是教师对待儿童的态度。我们不仅必须考虑存在什么，而且要考虑能发展成什么。当儿童不服从或发脾气时，教师应该想到这其实源于某种冲突，源于儿童自身发展所必需的生命活动的防御。教师对儿童讲的话，会像刻在大理石上一样永远铭刻在儿童的心灵上。如果一个成人的心理通过努力变得丰富并焕发精神的光芒，那是由于他曾是一个儿童。只有经历儿童阶级，人才能成为成人，在这个过程中成人不能替代儿童。

蒙台梭利告诫我们：成人（包括父辈、祖辈）应该努力了解儿童的需要，最好给儿童提供一个适宜的环境，使他们得到满足。只有这样，才能开创一个教育的新纪元，从而给儿童的生活带来真正的帮助。成人必须不再把儿童看作一个物品，在他幼小时，把他当作一件东西拎来拎去。成人必须认识到，在儿童的发展中，他们只能起次要的作用。成人必须努力理解儿童，这样才能支持和帮助儿童发展。因为儿童比成人脆弱，所以儿童若要发展他们的个性，成人必须控制自己而努力领会儿童的表达。

心理分析有一个惊人的发现，那就是精神病可能起源于婴儿期。从潜意识中所唤起的一些被遗忘的事情表明，儿童是尚未被认识到的痛苦遭遇的牺牲品。造成儿童纯洁的内心遭受创伤的原因，往往与对儿童影响最大的成人，即儿童的父母有关。

作为儿童长辈的教师和家长还必须明白：运动对儿童极其重要，它是创造性能量在功能上的体现，并以此达到人的完善。儿童通过运动对外界环境起作用，并由此履行他在这个世界上的使命。运动不仅是人的自我的一种表现，而且是人的智力发展的必要因素，因为运动是使自我与外界现实建立一种明确关系的唯一途径。

蒙台梭利强调，父母不是儿童的创造者，只是监护人。他们必须保护和关怀儿童，把这看作一种神圣的使命，而远远高于对物质生活的兴趣和观念。因为对于儿童来说，成人是天然的监护人。为了这份崇高使命，父母必须升华自然界根植在他们心中的爱，必须理解这种爱未被自私或懒散污染，是深切情感的有意识表达。所有父母都有一个伟大的使命，他们是唯一能够且必须拯救自己孩子的人，因为他们具有社会中组织起来的力量，并能在共同生活的实践中采取行动。他们必须意识到自然界托付给他们的使命的意义，这个使命使他们超越社会并能支配所有的物质环境，因为他们的手中掌握着人类的未来。

良好教育生态的构建之路

教育生态，是教育发展的关键因素。现任上海市崇明区教育学院科研室主任的方华先生在他的《重构教育生态——区域教育生态与区域教育发展》一书中，对影响教育生态的诸多因素进行了详细而深刻的研究，让我们认识到，构建起良好的教育生态，是教育高质量发展的必经之路，是教育高质量发展的有效之路，是教育高质量发展的关键之路。

一、教育同人：构建良好教育生态的前提

县（市、区）的教育局局长是区域教育首席"责任者"，是区域教育首席"设计者"，是区域教育首席"推动者"，是区域教育首席"引领者"。因为教育局局长同时拥有政策资源、物质资源、人力资源、评价资源等，是教育资源配置管理的"掌舵人"，是区域教育改革的发起者和参与者。好的教育局局长能为区域教育营造良好的教育生态，让大家客观、冷静、平和、从容且努力地帮助别人，提高自己；好的教育局局长能让更多的人相信教育，重视教育，关心教育，理解教育；好的教育局局长是有教育理想的，且有能力让教育理想变为教育现实。

校长是学校教育生态圈的首席构建者。要达到这一目标，校长要有公信力、学习力、反思与修正力、坚守力、文化力，要有判断与决策力、执行力、服务力、协调与协作力、教育力。要成为一所学校的

"灵魂人物"，成为广大师生，乃至整个社区的"榜样"。校长应该有仁爱之心、平常之心、承受之心、成长之心。应该成为优秀的学习者、沟通者、合作者。他竭尽所能把学校治理好，把教师引领好，把学生培养好；他是值得信任的人，他是教师的好同事，是学生的好师长，是家长的"教育合伙人"。

教师是区域教育生态的实践者。这里一是要求教师要通透了解学科，它包括学通学科与贯通学科。学通学科包括把自己所任教学科的知识学全、学透，具备对学科知识进行熟练运用的能力与水平。贯通学科，包括学科学理与学科思维，即知识与技能，知识内在原理与规则，知识的内在逻辑以及带来的思维。二是要求教师熟悉学生，它包括师生认可与了解学生。"师生认可"是指教师与学生相互认可，而不是单向认可。教师的一项主要工作，就是让更多的"师生认可"发生在日常的教育教学过程中，"师生认可"是帮助教师有效、有趣、有价值地"教"，也是助推学生愿学、想学、会学的动力。"了解学生"包括了解学生共性的特点与了解教师所教的每一个学生。了解学生共性是教师遵循教育规律的必备知识，了解自己所教的每一个学生，是教师尊重每位学生的个体差异与因材施教的需要。

二、教育管理：构建良好教育生态的保障

教育的基本特征：缓慢、持续、反复、系统、差异、综合。教育管理应该坚持回归常识、回归本分、回归初心、回归梦想。应该站在学生的立场，着眼于学生的成长规律、学生的终身发展和学生的全面发展。教育的作用只能是帮助人、引导人和激励人，很难也很少能改造人与塑造人。在这里，教育最核心的要素是尊重学生的成长规律，

让他们找到更多的可能。因此，教育管理的最大难题在于对个性与共性之间平衡度的把握。

教育管理最关键的是学校管理，如何让学校管理成为良好教育生态的保障？作者在书中提出了学校管理的五个走向：一是从"零碎"走向"条理"。学校有"零碎"工作是教育现实中的常态，"零碎"是学校整体工作的组成部分，如何把有形具体而繁多的"零碎"变成合理而适宜的"条理"，这是学校管理者需要面对、思考和应对的。二是从"片断"走向"体系"。学校工作如何从"片断"走向"体系"呢？应明白学校里任何事情的出现都"事出有因"，这里的"因"可能是多样多元且复杂的，面对事情，应该从事情本身、事情环境和事情相关三个方面去思考，这样才能从"片断"管理走向"体系"管理。三是从"单向需求"目标走向"多元选择"目标。"单向需求"走向"多元选择"的核心是让我们学会从"唯一"走向"多元"。在实际生活中，我们往往以所谓目标为导向的工作单项聚焦需求，可能会不知不觉地走向"唯一"，这样不仅没有真正完成工作，还会出现不可估量的"互消式损伤"。因此应以多元选择为出发点，选择"可能"的方式，这样可能低效而缓慢，但这种工作对于一个单位来说是一种体系性的构建与生长，具有强大的生命力，能形成良好的教育生态。四是从"分工"走向"融合"。学校里没有分工，会杂乱无章，人浮于事；没有融合，各自为政，难成合力。分工与融合是学校管理工作中的一对孪生兄弟。共同愿景下的"分工"，每项工作、每个工作岗位就会立足本职，瞄准与对标学校共同愿景，形成以单位与团体发展为目标的思考和行动。"融合"就会在各自分工工作下自然地发生，而不是人为地强化。五是从"计划"走向"规划"。学校计划是阶段性工作安排，学校规划则是相对长时间内的目标与策略。目前学校重计划轻规划的情况比较普遍，原因是多方面的。学校管理者应该从"管理者"走向"治理者"，从"领导"走向"领导力"，从"资源拥有者"走向"帮助服务者"。

教育管理中很重要的一项工作是课堂教学管理。遗憾的是现在的管理者很少有人走进课堂，去体验课堂、思考课堂，去帮助教师和学生改革和发展课堂，他们都站在课堂外去研究教育教学问题。其实只有在课堂中谈教育，才能真正地发展课堂、提升课堂。只有在课堂中体验师生教育教学的真实生活状态，才能让教育管理服务教育、服务教师、服务学生。

三、家校合作：构建良好教育生态的关键

家校之间是"教育合伙人"。方华主任就针对家校合作提出了一个新颖而贴切的概念。他认为，在教育孩子方面，家庭与学校如同开了一家有限公司，家长是公司的"创始人"，是公司的"董事长"，是公司的"终身持股人"，学校是公司的"职业经理人"，是公司的"CEO"，是公司的"阶段持有人"。作者用这个来比喻家校合作、家校关系、家校责任，其目的是让广大家长深刻而感性地认识到家校合作的重要性，只有家校成为"教育合伙人"，孩子才会得到科学而健康的教育，全面而和谐地成长。

"家校合伙人"诠释了以下几个观点：其一，家校之间是共责、共担、共享、共赢。其二，家长是第一责任人、第一受益人，学校是阶段的主要责任人、主要受惠人。其三，家校之间是天然合作者。其四，家校之间需要互惠、互助、互动，没有平和、稳定、信任且权责共担的意识，家校均是在自我伤害。家校合作的关键是"关系"。教

育学就是"关系学":有什么样的师生关系,就有什么样的学校教育;有什么样的亲子关系,就有什么样的家庭教育;有什么样的家校关系,就有什么样的家校合作样态。

家校合作的前提是双方站在学生立场上的教育合作。需要家校双方从教育价值、教育责任、教育策略以及教育能力等维度进行有效的行动。家校一体的育人生态,需要重构互助式教育生态,家校有着相同的育人责任,只是各自承担不同的育人功能。家校协同育人的目标是:帮助学校,帮助家长,帮助学生。这就需要共赢式教育生态,只有家校真正成为"教育合伙人",教育才能真正回归本真。需要坚定以学生终身发展的教育立场,共建良好教育生态。需要重建与学生共同成长的教育生态。只有教师变了学生才会变,只有教师的"教"变了,学生的"学"才会变。

家校合作的关键要素是责任与策略。关系即责任,每所学校、每位教师在遇到学生成长、学习问题时,首先想到的是学生家长,因为家长是孩子的父母、监护人,他们有责任教育孩子,有责任与学校、与老师一起教育孩子,而这种责任源于家长与孩子的关系。互助即策略。家校合作中的"互助性"是教育核心意义的体现。家校合作是家长与学校两个重要教育主体间的协同育人具体策略,无论是合作的目的,还是合作的内容与方式,都应该体现他们之间的"互助性"。良好的家校关系与科学的家校合作,对学校治校办学,对教师的职业态度、职业感受、职业成长与解决职业困惑都有帮助与促进作用。它能提升学校治理水平与办学质量,改善教师的工作状态与提升工作能力,带来的直接效果就是教育教学质量的提高。

你敬仰的名师有怎样的特质？

近年来，我关注中小学各学科涌现出来的名师的情况，感觉到他们虽然来自不同学段、不同学科、不同地域，教育教学风格也各异，但在成长、成熟、成功的路上仍然呈现出一些共同的特质，值得我们学习与借鉴。

一、名师都有深藏内心的使命感

当前，不少教师在工作几年后就有明显的职业倦怠感。出现这种情况有诸多因素，其中一个重要的因素是教师找不到工作的乐趣，对职业没有认同感与获得感。这正如数学家华罗庚所言："你认为数学无趣，是因为你站在数学花园的外面。"而名师无不显露出他们对事业深深的热爱，而这种热爱之情又源于他们内心深处有着一种"为一大事来，做一大事去"的使命感。这种感受基于一个人心里深厚的家国情怀以及对教育对象的大爱，激励他们立志成为学生喜欢的好老师。

作为一名学科名师，要有活跃的思想、鲜活的灵魂，要喜欢课堂、喜欢投入，如此才能自信地站在讲台上，而这要求教师必须处于主动学习、不断体认自我、时常让心灵升华的状态。杭州师范大学教授王崧舟老师从工作中感悟到：教育当以慈悲为怀。所谓"慈悲"，就是一个教师要有这样的信念：每个学生都是有力量的，每个学生都是有光的。教师不仅要让学生看到自身的力量，获得成长的喜悦，同时，要深深感谢学生，因为正是他们唤醒了你内心的慈悲，正是他们成就了你精神的成长和净化。江苏省南京市琅琊路小学周益民老师说，要成为一个好教师需要培养"三心"：一是爱心，二是童心，三是文心。爱心是基础，是前提。只有热爱，才会投入，才会富于激情和创造。因为我们是与儿童打交道的人，所以还需要了解儿童、信任儿童、尊重儿童。乃至以儿童为师，怀有赤子之心。又因为我们是母语教师，需要展示母语的典雅、丰富、智慧、幽默，所以我们需要不断提升自己的文学、文化素养。浙江省心理健康教育特级教师钟志农老师经过多年研究，认为优秀教师应该具备这些特征：基本素质良好，有执着的专业理想和追求，有强烈的事业心，对学生满腔热忱，对青少年成长发展规律比较了解，有理论和实践的"悟性"，有敏锐的觉察力和同理心，有清晰的思路和表达能力，有奉献精神。

这些名师的言行恰好证明了福禄贝尔的名言：教育无他，爱与榜样而已。一位教师热爱自己的讲台，一定不只是出于工作规范的要求，更是来自内心想要做好这件事的意愿，并认为做好这件事有价值。也就是说动力一定是根植于内心的东西，而不是外界灌注的东西。爱心、童心、事业心、激情、智慧、思辨力，铸就起教师的使命感。有了这些，就能如长期守望于一所农村小学的冷玉斌老师所说：师生都成长为有事做、有人爱、有期待的幸福的人。

二、名师都有不竭的学习意识与行动

名师都是读书人，都是从阅读中成长起来的人。正如美国诗人艾米莉·狄金森所说："没有一艘船能像一本书，也没有一匹骏马能像一页跳跃的诗行那样，把人带向远方。"教师首先要有自觉读书的意识，面对一日千里的社会发展速度要有"逆水行舟，不进则退"的紧迫感。其次要有"身教重于言教"的行动，无论是在家里还是在校园里，教师都要给人手不释卷、孜孜不倦的印象。最后，要经常反思并找到适合自己成长的阅读途径。

南京师范大学附中吴非老师认为，一支爱读书并有独立思考能力的教师队伍，是学校不可多得的财富。虽然不可能将所有教师的志趣都统一在一个方向，但作为教育者，自身的生活观和价值观会对学生产生影响，必须审视自己的生活志趣。所以，希望老师们能够静下心来，回到书中去。北京十一学校史建筑老师说："教师要有归零意识，要经常反问自己在阅读上有没有跟以前不太一样的方法，在阅读的偏好上有没有改变。在阅读上往上走、往难处走、往不舒服处走，所看到的自然是另一番风景，人生体悟自然也会不同。"小学语文教育专家于永正老师可谓是活到老学到老的典范，他说："很多人问我为什么我的课内容很丰富，其实是我平时注意积累，注意从书中获得更多知识，从书中找到迅速提取信息的方法。我每天都在读书，越读越觉得应该读。每当从镜子里瞥见自己的鬓角染上白发时，我便有被人猛击一掌的感觉，丝毫不敢懈怠。"清华大学附属小学窦桂梅老师真正做到了精读博览，为了讲好《秋天的怀念》，她几乎通读了作家史铁生的全部著作；为了讲好课文《圆明园的毁灭》，她找来对这一历史事件有着不同评价的论著，并深入钻研；为了讲好绘本，她更是收集了整整两大书柜的绘本，反复对比、琢磨。正因为这样，讲台上的她总是充满自信、底气十足，她总能展现文本背后的精彩，使自己的教学迈向研究与生长的高度。浙江省杭州市海曙小学的闫学老师对教师阅读有很深的研究，她说："我的成长史就是完善知识结构的阅读史，就是笔耕不辍的写作史，就是课堂实践的磨炼史，就是持续反思的研究史。"她对一线教师提出建议：一是要把完善知识结构作为阅读的主要目标；二是要将有限的时间花在经典阅读上；三是要坚持有坡度的阅读；四是要关注学生的阅读热点。

一个真正优秀的教师应有完善的知识结构、精深的专业知识、深厚的理论基础和开阔的人文视野。如何才能做到？第一是读书，第二是读书，第三还是读书。苏霍姆林斯基说，真正的读书，是一个吸引智慧和心灵的过程，它能激发起对世界和对自己本人的思考，促使人认识自己并思考自己的未来。没有什么东西可以代替书籍。

三、名师都有勇于实践、善于总结的能力

名师的专业成长主要依托课堂，唯有通过课堂实践才能发现教育教学中的问题，并通过反复实践、反思总结，逐步解决好相关问题。名师大多来自课堂、扎根课堂，从课堂中找到问题，寻找解决问题的方法，从课堂中展现教师自身的价值。把"为了学生终身可持续地发展，为了学生健康快乐地成长"作为自己的教育追求。

现为上海金瑞学校总校长、金茂教育研究院院长的程红兵老师具有很强的批判意识，他直言不讳：现在语文教育最大的问题，就是语文教师的功底太差，不看课外书，只看配发的教参，没有人文积淀，对文本的理解和分析不够，与学生没有知识落差。他说，名师与普通教师的区别就在于韧性、在于恒心。他以于漪为例，说她一辈子在学习，一辈子在思考。"我当了一辈子教师，一辈子学做教师；我上了一辈子课，上了一辈子令人遗憾的课。"于漪老师这两句话充分表明名师的关键所在。全国人大代表吴正宪老师一生致力于小学数学的教学与研究，2008 年提出了"既有营养又好吃"的数学教育理念，即强

调数学教师应坚持向儿童提供符合其心理特征和能力水平的教育，促进儿童终身、持续发展所需要的基础知识、基本技能；同时，教师要能使用符合儿童身心特点和发展规律的教学手段，实现既"有营养"又"好吃"的双重价值追求，使儿童真心爱上数学，实现"乐学、爱学、学会、会学"的良性循环。北京教育学院李怀源老师在长期的课堂实践中体会到：好课都能把握好"学生""学科""学习"三个要素，把教学作为一个整体来设计，并把"教"的过程变成"学"的过程。北京第二实验小学华应龙老师提出了"容错"——"融错"——"荣错"的"融错教育"理念，因为"真正有效的教学，就是面对学生的错误，帮助学生改正它。只有当学生找到错误的原因，自己醒悟了，才能真正解决问题。在'融错'的教育中，学生不但掌握了知识，还养成了敢于尝试的好习惯，磨炼出了百折不挠的意志品质"。四川省成都市新都一中多才多艺的夏昆老师感悟道："当了老师以后，我才发现，教育不是什么麦田，而是一间屋子，里面关着学生，也关着老师和家长。我要做的就是把想来挡住窗户的人一脚踢开，告诉里面的每一个人，窗外有很多很美好的景色。"

学校应该是"完整的人"的家园

衡量一所学校优劣的重要标尺是看师生是否经常想起并谈论它。他们是否每天愿意开开心心地到学校来？学生有一天毕业离开了，他们是否会怀念自己的母校并乐意"常回家看看"？老师调走了或退休了，他们是否还会以在这所学校工作为荣，并能对校园里发生的事情津津乐道？

学校应该是"完整的人"的家园。

首先，学校里应该高举"人"的旗帜。

师生乐道的学校应该是校长、教师与学生各自作为完整的人共同创造的一个家园。在这样的环境里，改变了被"成功学"戕害的教育生态，扭转了崇尚"丛林法则"的学校文化，调整了剥夺学生思想和行动自由的所谓"人才培养模式"，改善了因过度学习、机械学习、负担过重导致的厌倦学习、仇恨知识，以及求知欲、想象力、创造力大面积丧失的教育局面。在这里，师生的生命状态纯真且自然，精神世界饱满且富足，行为举止优雅且端庄。学校成了师生关系良好的地方，成了师生人格升华、生命变得更有价值的地方。在这里，师生全面而健康地发展，他们时刻享受和感悟到生命的宝贵和生活的幸福。

当师生对学校这个家园流连忘返的时候，还有什么教不好、学不好的呢？这是一个朴素的真理。无论是帕夫雷什中学的苏霍姆林斯基、夏山学校的尼尔，还是一直关注"孩子们，你们生活得怎样"的乌克兰教育家阿莫纳什维利，抑或是晓庄学校、育才学校的陶行知，他们在自己的办学实践中，无一例外地都会认真研究和仔细琢磨如何让师生津津乐道于自己的学校，喜欢这所学校里的学习和生活。大家所熟知的北京十一学校，多年来管理者不仅在制度设置上体现"教师第一"，还把福利更多地放在老师们的家人身上，把子女入学、配偶工作、老人看病等问题作为学校的头等大事。学校应秉持"竭尽全力帮助老师，以方便老师竭尽全力帮助学生"的核心价值观。这样的制度由于把重点放在对"人"的关心上，所以就超出了一般的福利制度的性质，对全校的各项工作起到了很大成分的激励作用。

其次，学校里应该洋溢着信任文化。

信任是对教育对象给予期许和能力的肯定，往往会获得积极正向的结果，大家熟悉的"罗森塔尔效应"就是信任的产物。对于教师而言，相信学生既是一种美德，也是一种策略。相信学生能够独立学习，就会把学习的主动权交给他们；相信学生有组织能力，就会把班级的事务交给他们；相信他们是善良的、向上的，就会多给他们提供修正错误的机会，将他们往正确的路上引导。学校、教师、学生、家长之间只有形成"信任共同体"，才能让学生在和谐的环境中真正喜欢学习，并朝着美好愿景前行！

洋溢着信任文化的学校里，一是尊重教师的话语权，二是赋予教师评判权，三是给予教师信任感。浏阳市第一中学，学校遇有重大事项时，不是由行政开会决定，行政只是向学校职代会就事项的必要性和急迫性做详细说明，最终由职代会讨论做出决定。因为学校领导深知，没有教师对学校事务的全面参与，没有他们生命质量的提升，就很难实现较高的教育质量。那些具有宽广的胸怀、深刻的思想，并能将其传递给学生的教师，才能真正塑造学生的灵魂和人格。让教师们洞悉自己、了解他人，掌握学校和整个教育的发展情况，他们就能心甘情愿地、全心全意地贡献自己的智慧和力量。

最后，学校里应该有自我展示的舞台。

经常传出的学生自杀的事件告诉我们：给学生开设生存课程势在必行、刻不容缓。生存课程包括健康、安全、营养、纪律、礼仪、生活技能等。学生生活中潜伏的最大危害，并不是大街上的陌生人或生活中意外之事的发生，而是父母和老师对学生生活的"剥夺"。学校教育如何让学生成为最好的自己？当前最为迫切的是搭建展示平台，让他们在现实情境里学会判断、选择、担责。我所在的浏阳市的大部分小学都成立了"'红领巾'电视台"，通过这个平台，培养学生了解社会、主动担责的意识。

在"双减"政策背景下，教师在完成书本知识的学习之外，还要从三个方面着力：一是教育学生拥有信仰。帮助学生形成正确的三观，三观端正的人可以抵御时间的侵袭，可以跨越空间的屏障，可以潜入自己的内心，可以飞往浩渺的宇宙。这就是信仰的力量和价值。二是教学生做时间的主人。教会他们养成给时间分类的习惯，让他们自己选择完成事情的方式、过程和对结果的预期。三是培育学生的独立思考能力。西方有一句格言：如果你想造一艘船，先不要雇人去收集木头，也不要给他们分配任何任务，而是去激发他们对海洋的渴望。这句话形象地表明了思考和梦想的价值。

同时，教育活动有群体性的突出特征，而教师群体的专业生活方式，决定着一所学校的教育高度。学校管理者当然要关注优秀教师，因为真正优秀的教师是善于反思的人，他们在改变自己的时候，也会让教育教学中的问题发生积极变化。其实，校长还要努力让所有教师形成"从自身找问题"的思维方式，让他们都有"教育从走进校园就开始了""再往前走一步就是优秀"的意识，不断地从日常工作中挖掘和彰显教育的价值和意义。

因此，要给教师们搭建成长的舞台：一是要在学校构建"分享"文化。让教师明白，同事之间的工作分享大于竞争。二是让专业的人做专业的事。校长要做的是把舞台搭好，让教师成为学校的主角，而不是到处作"重要讲话"。三是要引导形成集体合力。浏阳市道吾学校，遇有重大的活动，一定是教师唱主角。每次教师会议，都有教师分享读书经历或生活经验，让人感觉学校是大家的。如果做好了这些，很多学校自然就会成为人们津津乐道的地方。

"双减"背景下，校长工作的着力点在哪里？

当前，"双减"已经成为基础教育领域的一项重要工作。开展"双减"工作意在优化学生成长成才环境，着力培养学生的社会责任感、创新精神和实践能力，促进学生全面发展，更好地应对未来社会的变化。面对这么好的政策背景，中小学校长可以将着力点放在建设学校良好的教育生态上，更好地实现办人民满意的教育的目标。

一、着力建设"信任共同体"

毋庸置疑，在实际工作中，一些校长对教师教学效率低下伤透脑筋，他们认为这是教师教学观念存在偏差，工作消极应付，不能处理好师生关系使然，于是，千方百计加强对教师工作行为的监管和考核力度，设想这样也许会让教师们有所收敛。

其实，如果校长把管理的主要精力总是放在让人"不放心"的那些人和事上，教师的心理压力和职业倦怠就自然产生了，校园里还会出现关系不和、情绪低落、精神不振的现象，一种无形的压抑感让人的工作和生活变得没有了激情，没有了创造。这个情况提醒校长：你可以强迫人们去做一些事情，但你不可能强迫一个人以什么方式、什么态度去做这些事情，更不可能强迫一个人去做一个你期望的人。

因此，学校管理最需要形成"信任共同体"。对于教师而言，相信学生既是一种美德，也是一种策略。

同时，校长也要信任教师，为教师的成长提供高位引领。一是人生价值的引领。让每位教师都感受到，来到人世间不仅仅是为了生存和享受，更是为了实现自身的价值。二是专业素养引领。让学校班子成员树立领导者应当是领跑者的理念，将学校班子打造成专业素质过硬的团队。三是思维方式引领。校长要引导教师学会辩证思考，不要让教师的思维方式停留在非此即彼、非白即黑的二元思维模式上。四是为人处世引领。引导教师处理好人与人的关系，使大家都以"因有我的存在而让大家感到快乐和幸福"为处世目标。

一所洋溢着信任文化的学校，才是看得见"人"的学校，才能称得上是好学校。师生在这种文化的熏陶下性格开朗、精神焕发，每一个人都有成长欲和获得感。学校、教师、学生、家长之间形成了"信任共同体"，才能让人在和谐的环境中人格得以升华、生命变得更有价值，并朝着更美好的愿景前行！

二、着力建设"学习型组织"

信息时代里，校长首先要自觉成为学校的"首席学习者"和终身受教者，坚持不懈地读书学习。只有通过大量的阅读和教育实践，才能对人的发展基本规律和教育基本规律有比较科学的理解、系统的掌握，才能确保自己的世界观、人生观和价值观是正确的，教育观、人才观和方法论是科学的，让自己具有坚定的教育信念、明晰的思想脉络、切实的工作主张。也只有这样，教师们才能从内心信服你，你的思想才能成为教师们的教育信条。

同时，学校要创造条件，合理安排，建立学习型组织。如在校园里开设"读书吧"，用幽雅的环境和丰富的图书吸引教师，并定期开展读书分享活动等。只有让教师们在不断学习和交流中净化心灵、增长智慧、开阔视野、丰富思想，才能不断提升他们的专业技能。还要鼓励和帮助教师不断挑战自我，将读写和自己的专业成长结合起来，对所教知识与所有知识之间的关系有更准确和全面的理解，对真理的绝对性和相对性有更深刻的理解，将知识传授寓于问题解决之中，将思维方法养成寓于技能训练之中，既能准确无误地运用知识，又能大胆怀疑、勇于创新。

人民教育家于漪老师说，校长的使命是：发展教师第一，发展学生第二。这里的第一、第二显然不是说重要性第一、第二，而是说，只有教师发展了，学生的发展才能得到实现。校长支持教师的发展主要体现在：一是尊重教师的话语权，二是赋予教师评判权，三是给予教师信任感。比如教师例会，就不应该是校长发号施令和讲大道理的地方，而是教师展示才艺的平台，应该尽可能地缩短学校领导讲话的时间，把时间让出来请老师们分享育人经验、读书之乐和人生感悟，让他们有存在感和归属感。一个想方设法为教师"减负"和让教师"出头"的校长，才算得上真心敬重每一个教师，才能使得以心换心的文化在学校形成。

人的教育永远靠"人"，靠有完整人格和心灵的好老师完成。校长着力引导教师端正教育教学行为，树立良好的教风和学风，培养学生良好的行为和学习习惯，教师就能在切实为学生减负的同时，自觉把立德树人落到实处，确保学生身心健康与全面发展。无数事实证明，只有那些具有宽广的胸怀、深刻的思想，并能将其传递给学生的教师，才能真正塑造学生的灵魂和人格。也只有教师内在的力量被唤醒、激发、放大，才能切实落实"双减"要求，扎扎实实提高教育质量。

三、着力建设"家校社立交桥"

《中华人民共和国家庭教育促进法》于 2022 年 1 月 1 日正式施行，这意味着家庭教育从此有法可依。在法律和"双减"政策叠加的背景下，学校要利用好这些优势，架设好家庭、学校和社会协同教育的立交桥。首先，要教育家长做好孩子的"第一责任人"。未来的家长应如教育部所倡导的：充当孩子的心理营养师、学习引领师、人生指导师、习惯监督师、兴趣合伙人。要引导家长将视野拓宽到课堂之外，鼓励家长陪孩子阅读丰富内心，陪孩子运动强健体魄，带孩子体验各行各业了解生活百态，让孩子的体能、特长、审美、心理健康、动手能力等全面发展。唯有这样，孩子才能吃到政策的"红利"，成为德智体美劳全面发展的未来人才。

从家、校协同到家、校、社协同，体现了新时期教育生态的重构。从三者定位看，学校是育人主体，家庭是育人共同体，社会教育是育人的有益补充，只有三者各归其位，各自发挥应有的作用，才能真正实现育人目标。当前，家庭教育、社会教育是薄弱环节，校长要着力架设"家校社立交桥"，让三个教育者——学校、家庭和社会从同一原则出发，在教育的目的上、手段上和过程中协同一致。

首先，学校要排除各种非教育教学因素的干扰，让教师有时间、用心思理解课程标准，掌握教材体系，科学设计教学，突出体现作业设计的层次性、趣味性和创新性，严控作业时长；引导教师将"双减"这一约束"红绿灯"积极转化为主动作为的"导航仪"，实现课堂提质增效。

其次，学校要有计划地开展家教辅导活动。帮助家长了解"双减"政策法规，引导家长把尊重孩子作为家庭教育的起点，并从重视孩子的听课效率、阅读、学习方法和习惯做起。同时提醒家长不要把别人家的孩子作为标杆，要了解自己的孩子，悦纳自己的孩子，帮助孩子树立自信，帮助孩子找到他自己，成为他自己。

最后，学校要着力构建家校社协同育人体系。一是完善家访制度。明确每个学生每学期接受一次家访，落实家庭教育指导服务规划，建设家庭教育工作室；加强家长课堂建设，发挥家长委员会的作用。二是依托社区，发挥其在课后服务和假期托管等方面的作用。三是回应社会有关"双减"的关切，学校、家庭和社区联手开展相关专题研究。如进行"延时服务两个小时"的研究，寻找最佳的延时时间和最优的学习内容，为"双减"提供理论支撑。

总之，在国家"双减"政策背景下，校长可以在建设信任共同体、学习型组织和家校社立交桥这三个方面着力，以此优化学校的教育生态。学校有了良好的教育生态，师生的利益就能够得到最大的保护，师生的创造力就能够得到最大的释放。师生的每一个日子都有满满的获得感，他们的生命状态一定是美好的，久而久之，中国教育也就会越来越美好！

新学期里中小学校长的"多"与"少"

新的学期又开始了，各种媒体又发出大量的寄语教师的文章，指导教师、要求教师怎么做好教育教学工作。不容置疑，学校里，教师是重要人物，他们自身的素质能力对学生的成长和学校发展起到关键作用。不少文章对教师自身的成长有很多作用，而我觉得，学校里还有一个关键人物，那就是校长。校长的治校理念和在学校里的言行，对师生的影响更是无可替代的。新学期里，中小学校长可以有以下"多"与"少"。

一、多些总体把握，少些事必躬亲

如果把学校比喻为一艘大船的话，校长就是这艘船上的舵手。有关办学方向性、原则性的问题，校长必须总体把握好；对教育本质的认知，也必须明确不含糊。教育是国家发展的基石，今天的学校就是明天的社会。因此，应该把立德树人作为教育总目标，并要求教师落实到教育教学行动中。对现实中的伪教育、反教育，务必保持高度的警惕。同时，还要时刻提醒自己，不要陷入事必躬亲的琐事之中而不能自已，因为陷入琐事往往会犯"一叶蔽目，不见太山"的毛病。

为了落实立德树人的总目标，校长的工作重点应该放在厘清学校里每个岗位的职责上，让学校里人人有事做，事事有人做。同时，尽可能营造亲切和睦的氛围，秉持公平公正的处事原则，让师生因有你的存在而感到快乐和幸福。积极主动营造朝气蓬勃、积极向上的学校文化，让师生在这种文化的熏陶下性格开朗、精神焕发，让每一个人都有成长欲和获得感。

二、多勉励教师成长，少用完人标准要求

学校是谁的？学校是所有师生的。在工作中，校长要把握好这个度，要给所有的教师搭建平台、提供舞台，很多时候自己甘愿做一个倾听者和欣赏者。例如每次的教师例会，就不应该是校长下达指令的地方，而是教师展示才艺的舞台。应该尽可能地缩短学校领导讲话的时间，把时间让出来给老师，请他们分享育人经验、读书之乐和人生感悟，让老师们有存在感和归属感。如此，教师们才会喜欢上这个校长和学校。

正像十个手指不能一般齐一样，学校里教师的思想境界、师德水平和业务能力都不可能一般齐。作为校长要允许教师这种差异的存在，但不允许教师不努力成长、原地踏步不上进。校长要像教师对待学生一样，相信每一个教师都有成为好教师的愿望，确信他们会在不断学习中取长补短、缩小差异。教师在自觉成长，学生成长也一定看得见。

三、多找师生交流，少听无准备之课

管理学告诉我们：工作中百分之九十的矛盾都是因为缺乏沟通交流。因为缺乏沟通交流，很多小事可以酿成大事，并产生激烈冲突，引发不良后果，影响学校发展。人是群居动物，喜欢倾诉，渴望有人倾听。校长在学校工作中，要多看多听少指示，这样才可能防患于未

然，让很多矛盾化解。

校长更需要明白的一个道理是：闻道有先后，术业有专攻。自己并非无所不知、无所不能的"全才"。平时要多找师生交流，平等、平和地说说话，倾听老师们对人生、家庭和所从事的工作的见解和感受，倾听学生对学校、学习的认知。少去听自己毫无准备的或不是自己专业的课，更要少去推门听课。因为，"隔行如隔山"，不是自己专业内的课你未必能听懂，而你的角色又要求你在听课之后"指示"（评课）一番，如果你说不到点上，老师会从心里看不起你。如此吃力不讨好，不如多想办法为教师解决一些生活、工作中的实际问题。

将自己活成一束光

——对话奎文实验小学校长、特级教师欧阳琼

湖南省浏阳市奎文实验小学就在市教育局的对面，可谓近在咫尺，可真正和欧阳校长见面交流的机会并不多。当我提出要采访她，请她谈谈从事教育管理和课堂教学的一些体会时，起先她是拒绝的。可我觉得她从教三十多年，从农村小学校长到城区小学校长，一路走来，肯定有很多不为人知的故事，而这些对浏阳近几十年来的小学教育而言很具代表性。我多次联系她，欧阳校长终于打开了话匣子。

陈文：能说说您成长路上的一些故事吗？

欧阳琼：说到我的成长，我想先从我的读书生活说起。我的曾祖父曾是民国时期大军阀谭延闿的文笔师爷，饱读诗书。父亲曾是浏阳一中的高才生，书也读得极好。曾祖父最为看重父亲，因此，曾祖父家里二楼满屋的书顺理成章成了他送给父亲的礼物，也便成了我小时候最深的记忆。书架上有线装的《左传》《论语》，有陈旧的四大名著，有新买的散文、诗歌，还有不菲的文房四宝。特别感谢多才多艺的父亲，在我小时候为我开垦了一方中华传统文化的田园，在20世纪七八十年代就能让我感受到家族优良的传统，我也如祖父辈一般，坚持阅读，爱好琴棋书画，品味诗词雅韵……

陈文：哪些书给了您特别深的印象？

欧阳琼：在父亲的引领下，我的童年一半时光都交给了书本，我就这样从乡下二楼的一个书房，一直读到浏阳师范，读到一个叫作"枫浆"的地方。当时，图书室就是我的邻居，住校的我除了教学，

其他时间就是跑到图书室，借书、还书，还书、借书，那是我一生中最难忘的读书生涯！我百读不厌，读中外名著、读散文、读诗歌。尤其是《红楼梦》和唐诗宋词，还有三毛、席慕蓉，三毛和她的荷西，席慕蓉和她的画……读后，就是不停地写，写深夜里的一盏灯、一把藤椅、一杯浓茶、一卷文字的故事。就在与这些温润的文字日夜相伴中，我深深爱上了文学，恋上了经典，这些为我的语文教学，特别是对学生中华传统文化学习的引导奠定了很好的基础。

陈文：一个人的认知来自多个方面，其中最重要的，一是阅读，二是实践，您是怎样理解小学阶段的教育的？

欧阳琼：小学教育对于人的一生至关重要，它是基石，是孩子学习的起步点，也是奠定他一辈子幸福生活的基石。小学教育最重要的是培养良好的习惯和品格，"童蒙养正"是亘古不变的真理，"立德树人"是教育的根本。核心素养时代，要落实立德树人根本任务，首要的就是促进学生德智体美劳全面发展，因此，综合素质的培养是小学阶段最重要的教育内容。有人说，综合素质是一个人的根本，是立身处世、聚人齐家、干事创业的最重要资本，我觉得这种说法丝毫不为过。

我一直认为，对于学校而言，学生身心健康才是最高的质量，有了健康的身体，愉悦的心情，才会拥有快乐的童年，才能涂好幸福人生的底色。我们最期待看到的场景是：周末，在明媚的阳光下，健壮的爸爸们带着孩子们一起运动；幽静的小方亭中，安静的图书馆内，娴静的妈妈们陪孩子们一起阅读；农忙时节，孩子们在田间地头漫嗅稻谷的芬芳；秋高气爽，孩子们于果林体验采摘的快乐……亲近自然，倾听自然，与大自然融为一体。

陈文：在很多学校里，家校关系是一个敏感的甚至于不太愿意触及的话题，但在奎文，"家校共育"是一个最美好的场景。这些年来，你们做了哪些工作？

欧阳琼：由于社会和家长对奎文办学理念认同，对团结敬业的教师团队认可，因此家长们纷纷参与学校管理，家校合作成就了一段佳话。自2015年成立第二届家委会开始，我们更是深深体会到了家长们的给力。至2023年上学期，义工队伍空前壮大，3078名家长（其中护学2318人，讲学760人）加入团队，他们不仅守护校园，而且走进课堂；不仅为孩子保驾护航，而且为他们带来丰富的第二课堂。周末，他们和学校一起组建"奎娃"亲子读书会、亲子运动俱乐部、亲子书法班，教师倾心指导，家长高质量陪伴。同时，我们和家委会携手，通过举办家长沙龙、家长足球赛、家长篮球赛、亲子辩论赛等系列活动，加强联系与沟通，形成强大家校教育合力，破解教育短板，让家校关系成为"最完美的教育"。奎文家长义工的事迹被《浏阳日报》《长沙晚报》《湖南日报》等多家媒体多次进行过专题报道。

陈文：在您的工作经历中，曾出任多所学校的校长，其中最大的收获是什么？

欧阳琼：从洞阳镇枫浆中心完小到老奎文再到新奎文，从乡下到城区，从小学校到大学校，十多年校长工作的历练，我最大的收获是学会了珍惜，学会了感恩，学会了包容。工作中、生活中，我看到了太多感人的场景，遇见了太多值得学习和敬重的人——亲人、朋友、领导、同事、家长甚或陌生人，他们一直在帮助我、影响着我，让我深深体会了辛苦中的幸福，也让我懂得了珍惜身边人、身边事。在黄泥湾当班主任时，家长对我、对班级无条件的支持，令我无限感激。在奎文实验小学，更有如此庞大的支持学校的家长群体给了我和同事们满满的感动！我收获了人生中最深的情谊，体味了作为校长和老师最大的幸福，他们让我学会了感恩，懂得了感激。每个成年人的世界都没有"容易"两个字。作为校长，我看到了老师们的不易，家长们的辛苦。单位、家庭的操劳，工作、生活的奔波；心里的压力，身体的劳累，精神的负担……我不仅学会了换位思考，也学会了理解和包容。回首教坛三十多年，心里盛满了耕耘后的快乐，收获了孩子们的那份纯真和期待，收获了同事们的那份信任和温暖，收获了社会的认可与尊重。同时，我也收获了成长路上的幸福与感动。

陈文：真是收获满满啊！那么，您是怎样理解"双减"的？

欧阳琼："双减"政策出台，对于社会、学校、家长都是一种挑战。对于老师来讲，综合素质、教学艺术、品格修炼、终身学习等等都将提上一个新的高度。对于学校而言，各项工作也必须做相应的调整、加强和优化，例如，课堂教学质量更进一步提质，五项管理和督查势必切实落实——让课后服务更加规范有效，让作业布置更加科学合理，让阅读融入我们的生活，让运动伴随着孩子们的每一天……而家长的观念、对教育的重视程度、家庭教育的得失，都影响着"双减"效果，于是，家校共育便成为落实"双减"政策另一个关键、有效的途径和方法。只有家校携手，才能让"双减"真正落地开花。

陈文：人生路上，您有遗憾吗？

欧阳琼：人生路上我一直努力着，也一直幸福着。一方面努力工作，与会议文件教学活动为友；另一方面开心生活，与琴棋书画诗花茶为伴。工作时，心无旁骛，闲暇时，写点小文章，练练瑜伽，做做"保洁员"，烧几个好菜，煮一壶清茶，均不失为一种快乐，如此，智慧工作，优雅生活。人生不如意事常八九，我也有遗憾。我热爱语文教学，喜欢美术课堂，但作为校长，要处理很多事务性的工作，没有过多的时间来钻研语文、美术教学，这是我最遗憾的事。当然，我选择了带领孩子们进行项目化综合性实践活动来弥补遗憾，愿意将自己活成一束光，温暖地照亮他们前行的路。

陈文：将自己活成一束光，真好！和您交流让我看到了一位教育工作者满满的职业幸福感，谢谢您！

课堂是我一生幸福的源泉

——访全国教育系统劳动模范周申全

周申全，湖南省浏阳市第一中学语文高级教师，全国教育系统劳动模范，已退休。

陈文，湖南省浏阳市教育学会会长。

陈文：周老师好！听说您把"四三二一"当作给学生的"见面礼"，能详细说说吗？

周申全：这个"四三二一"是我工作三十多年来逐步总结出来的，是我对学生的承诺，也是我一辈子的追求。我是按照"自由和快乐的魅力不可抗拒"的原理提出来的。课堂是我一生幸福的源泉，我在给学生上第一节课时就将这些承诺和盘托出。

"四"是四个自由：我上课，学生有打瞌睡、做其他作业、看课外书和中途退出课堂的自由。以打瞌睡为例，我发现，学生上课打瞌睡，不外乎两个原因：一是非常疲惫、困倦，是一种难以自控的行为；二是老师的课堂枯燥乏味，使学生昏昏欲睡。出现这样的情况岂能怪学生？老师要反思才对。

"三"是三个保证：第一，我保证上课不照本宣科，教材上所有的古文，包括诗词歌赋、议论散文，以及现当代名家名篇，讲课前我当众背诵，请同学们验收。第二，我保证学生交来的所有作文，不管是课内还是课外，大作文还是小作文，我一律全批全改，详批详改。第三，我保证按时下课，不拖堂。我喜欢给学生讲美国作家马克·吐温的故事。马克·吐温有一次到教堂听牧师募捐演讲，首先他觉得牧

195

师讲得很精彩，他很感动，准备捐出自己口袋里所有的钱。过了一阵，牧师还没讲完，他厌烦了，便只准备捐口袋里一半的钱。又过了一阵，牧师还没讲完，他生气了，只准备捐一美分。最后，牧师总算结束了他的长篇大论。马克·吐温不仅把那一分钱放回了口袋，而且还从捐款的盘子里拿走两美元表示抗议。我用这个故事告诉学生：言多必失。

"二"是"两个不怕"：一是我上课不怕学生插嘴，我还喜欢学生插嘴。我认为，由老师一人在台上唱独角戏，下面鸦雀无声，这样的语文课不是好语文课。我的课堂要求有两声：读书声、议论声。二是我不怕课堂上学生跟我唱"对台戏"，不怕学生问倒我，欢迎大家与我争论。我用"吾爱吾师，吾更爱真理"鼓励学生大胆与我商榷。我坚信教学相长。

"一"是"一个希望"：我希望和学生交朋友，成为真心实意的朋友。我经常对他们说：论身份，我是你们的老师；论年龄，我可以做你们的爷爷。但我更希望成为你们的朋友，我们做"忘年交"吧。

我之所以把这些作为"见面礼"跟学生交流，目的有二：一是我非常重视给学生的"第一印象"，即心理学上的"首因效应"——人只有一次机会给另一个人留下好印象。我就是要通过这节课使学生了解我、亲近我，掌握我的个性特点和与众不同的教学风格。二是我是一个很要强的人、非常自信的人，但智商、能力一般。袁枚有诗云："苔花如米小，也学牡丹开。"因此，我只能给自己出难题、加压力，逼着自己逐步成为学生喜欢的老师。

陈文：您的这个"见面礼"太珍贵了！它需要教师有充足的底气和丰富的底蕴啊！

周申全：我记得苏轼的诗《题沈君琴》："若言琴上有琴声，放在匣中何不鸣？若言声在指头上，何不于君指上听？"我始终认为，教与学是不可分割的对立统一，靠配合，靠默契。犹如指与琴，缺一不可。如果只有教师一人在台上"满堂灌"，学生毫无反应，那会比指头打在木板上更单调、更难听。教师只有点拨了、点活了学生大脑中的那根"弦"，学生才会有"夫子之言，于我心有戚戚焉"的触动，课堂上才能发出"大珠小珠落玉盘"似的"与人乐乐"的优美动听的"琴声"来。

陈文：您自称一生不但性格固执，而且活得单调，没有一点高雅的情趣，而我却在与您交流中感受到您的两项爱好和教学工作紧密结合，很多老师都没有想到更没有做得像您那么好。一个是您收集学生优秀作文；另一个是您坚持剪报，让学生阅读报上的优秀作品。这样的爱好于己于人都有启发和帮助，请具体说说吧。

周申全：我从 20 世纪 70 年代开始，就着手收集所教学生写得好的作文，每学期编一本《作文选优》。教了几十年的语文，看不出成绩，更谈不上成果，有一摞摞《作文选优》为伴，也显得亲切。它成为我的"财富"，是我的珍藏。这个爱好为我后来指导学生的作文提供了范例。我有幸经常被邀请到兄弟学校介绍作文教学"眼观社会，手写心灵"的体会，每到一校，我都会带上《作文选优》，朗读里面的一篇篇作文，听众特别喜欢。有一次，我念了当年初二学生李芳的作文《送草记》。作者叙述她到农场参加劳动，首先有说有笑，接着抱怨太苦太累，后来终于把草送到了目的地。我发现台下对这篇作文特别关注。后来才知道，作者李芳当时就坐在台下。当年十二三岁的女孩，现在成了中学语文教师。讲座结束，她走上讲台，盯着那本《作文选优》，把它揣在胸前，一动不动，似乎回到了二十多年前的初中岁月。

陈文：您为每个学生的作文都详批、详改，把时间和精力都"耗"在里面，有没有为这样的付出动摇过，觉得这样做不值得？

周申全：我还真的动摇过这种做法。可有一次到兄弟学校讲课，让我对自己的这种怀疑烟消云散了。那次我到一所高中讲课，到校后校长向我介绍在座的领导。一位年轻人主动站起来称我为"恩师"。他当众说："我读了十七年书，只有周老师说我的作文写得好。周老师还在讲评作文时念过我的一篇作文。我现在还记得周老师的批语：上乘之作。能写出如此优秀作文来，非学富五车不可。我从此就下定决心，一定要认真学习，当得起'学富五车'这个成语，更不负周老师的期望。"谁能想到，一篇作文、一条批语、一个成语，竟使学生终身受益。这件事使我感触良深。如果我不到这个学校讲课，我还真不知道自己的作文批改竟有如此"神效"。人们经常把教师比作春蚕，这是非常贴切的。诗人艾青说："春蚕吐丝的时候，怎么也想不到会吐出一条丝绸之路来。"说得真好啊。

陈文：您的剪报爱好是从什么时候开始的？

周申全：剪报这个爱好，还要从年少时说起。我年少时学哲学遇到困难，我二哥经常拿出一篇篇从报上剪下的文章给我看。这些深入浅出的短文，还真的起到了释疑解难的作用。从此，我也学着剪报，坚持了六七十年。我剪得最多的是《人民日报》的《人民论坛》《读书管见》《金台随感》《学术随笔》和《光明日报》的《文学遗产》《国学》，她的《母校礼赞》《百城赋》我一篇不缺。学生看了我的剪报，都说不仅提高了认识、增长了知识，对写作也有帮助。名人著作等身，我只能仰视；我剪报"等身"，自得其乐。

几年前，我把几十年积累的《作文选优》、剪报和备课本一起赠送给了浏阳一中。

陈文：现在很多语文老师口不离"核心素养"一词，可自身的听说读写等基础素质还存在比较大的缺陷，具体表现为语文教师一年到头"述而不作"。自己不写作，怎知其中滋味？如何指导好学生的写作呢？您怎么看？

周申全："下水"作文，叶圣陶先生早有主张。教师"下水"，不仅是教学的需要，也是提高自己水平的重要途径。语文老师"述而不作"，严格说是一种不思进取的表现。我坚持练笔，除了写"下水"作文，还注意及时总结自己的教学经验。美国教育家、心理学家波斯纳曾说："教师专业成长＝经验＋反思。"一个语文老师，连自己的教学经验、教育故事和教学主张都写不出来，不能形成理性思考，他在专业、能力方面是有缺陷的。

我反复向学生强调：提高写作能力，必须深入生活，做"有心人"，养成仔细观察——多看、多听的习惯，获得并积累素材；接着要多思考。拿破仑有言：世界上只有两种武器：一种是剑，另一种是思维，而思维最终是要战胜剑的。可见思维多么重要。文章写出来，还要多改，自己改，请别人改，三番五次，不厌其烦。好文章就是反复"推敲"出来的。

"下水"的主要目的在于示范，指导学生写作。按照"闻道有先后，术业有专攻"的道理，语文老师的文章应当比学生写得好，不然怎么授业、解惑、服众？但事实又不尽然。所以韩愈又说"弟子不必不如师，师不必贤于弟子"。因此，老师要摒弃畏难、畏学生的思维，大胆"下水"，和学生如琢如磨，才能教学相长。

陈文：在相对闭塞的年代里，有"酒香不怕巷子深"的说法，可在信息时代，很多时候得靠主动出击推销自己。您在语文教学中除了身体力行"下水"作文，还特别注重学生的口语训练。能说说是怎么做的吗？

周申全：我经常告诉学生：是人才，不一定有口才；有口才，肯定是人才。我们的语文课，就是要培养有口才的人才。这是改革开放的需要，也是素质教育的要求。现代青年，应当有这样的本领：在大庭广众之中，众目睽睽之下，能落落大方地站出来，从容不迫，侃侃而谈，滔滔不绝，妙语连珠，谈笑风生。既能旗帜鲜明，有的放矢，引经据典，出口成章；又能切中肯綮，言简意赅，条分缕析，恰到好处。一旦讲得头头是道，娓娓动听，妙语连珠，语惊四座，听众就会有十分享受的感觉。

陈文：我很早就了解到您的"先有司，赦小过，举贤才"九字工作准则，今天愿闻其详。

周申全：那是1991年，学校安排我当高三年级组长。怎样当好这个组长，管好几百名学生呢？我日思夜想而不得。有一天突然想到《论语·子路》中的两句话："仲弓为季氏宰，问政。子曰：'先有司，赦小过，举贤才。'"我眼前一亮，脑洞大开，这不就是我想要的工作准则吗？

我是这样将《论语》中的话与自己联系起来的。"先有司"，提醒我不但要先于教师，更必须先于学生：以身作则，率先垂范，处处成为他们的榜样。从20世纪80年代担任班主任开始，我就在反思自己教育、教学的得失，从自我解剖中看到了"师道尊严"带来的负面效应，开始改严厉为宽容，师生关系有了改善。我从小事做起，早晨，我每天比学生先起床，来到学生寝室前。起床铃一响，我的哨子一吹，哪个学生还会赖床？早操，我跑在最前面，学生看到我这个50多岁的老头还那么有劲、那么拼，还会自甘落后吗？

"赦小过"让我想起1991年由我主持召开的一次高三学生代表座

谈会。会上有学生反映，个别班主任怕担担子，同学稍有违纪，便报政教处处理。同学不满，政教处也麻烦。我和班主任商量后，取得了一致意见，然后宣布：今后高三同学里出的事尽可能由班主任解决，在年级组"消化"。我在会上说，高三了，相信同学们会自觉的。我不信你们有什么大不了的问题非要闹到政教处不可；我和班主任都不相信自己那么无能，大小问题非要推到政教处不行。我的这番话在学生中引起了强烈反响。这种实事求是的态度缩短了高三年级师生之间的磨合期。交流与沟通，架起了师生间互相信任的桥梁。支持与尊重，为师生和谐相处奠定了良好的基础。我深深体会到，学生有了小过错，要换位思考、将心比心，用交流沟通、理解信任的方式去解决。

我把"举贤才"的"举"理解为激励、肯定与表扬，教育学上的"罗森塔尔效应"就是最好的印证。我几十年来坚持一个原则：对所有学生，多肯定，多鼓励，多表扬。我在批改学生作文时，总是千方百计找出文章的优点，即使在内容、结构方面找不到优点，我也要批上一句："你这次的字写得真漂亮，老师要向你学习！"即在书写方面给予肯定与鼓励。无数事实证明：肯定就出成绩，鼓励就出人才，表扬就出好学生。这是提高教育教学质量的不二法门。

采访感言：

周申全老师退休后，时时想着为学校、学生做点事。从 2011 年开始，他以"素质语文"为题，给浏阳一中的学生做讲座，至今 14 年从未间断，而且分文不取。他说，我有养老金，够我现在吃穿了，我也没有留钱财给子孙的打算。只要学生感觉我的课对他们有帮助，我就满足了。从周老师身上表现出来的宽厚、深邃、豁达和自省，彰显出一个好教师的精神品质。这样的老师即陶行知先生所概括的：具有

"为一大事来，做一大事去"的使命意识；"千教万教教人求真，千学万学学做真人"的教育理念；"捧着一颗心来，不带半根草去"的高洁情怀；干一行，爱一行，专一行的职业自觉。

温润的教育更具生长的力量

——对话浏阳一中袁章军校长

袁章军，浏阳市第一中学校长，中学生物正高级教师，湖南省特级教师。

一个人的成长需要社会大气候和各种小机遇。当年作为富农子弟的袁章军在"社办"农业中学读完初中后回家干起了农活，是乡文教办领导的法外开恩，给了他所在大队一个读高中的指标，让他去读高中，读完高中后正好赶上国家恢复高考得以考上大学。大学毕业后先后在浏阳七中、浏阳二中、浏阳一中任老师，后任副校长、校长，一干就是40年。

陈文：当组织上把浏阳一中校长这副重担交给您时，您是怎么想的？又是从何入手来做相关工作的呢？

袁章军：浏阳一中从1929年创建，至今拥有93年办学历史。这里曾涌现过胡耀邦、杨勇等一大批救国图强、精神高尚的校友、先贤。庄严古朴的校园内，始建于宋代的文庙、谭嗣同创办的算学社，为学校师生提供着源源不断的精神养分。浏阳一中到如今成为久负盛名、拥有上百项荣誉的湖湘名校，在一代代的薪火相传中，谱写了学校发展的精彩华章，开启了数万名优秀学子的卓越人生。

我认为教师是立教之本、兴教之源；师德是教师的立业之基、从教之要。我理解一所学校的魅力，来自它的历史、水平、成就、环境，更来自它的精神，特别是这种精神的重要基石：师德和师风。多年来，学校将师德师风建设与打造有温度的教育生态结合起来，在春风化雨、润物细无声中，引导广大教师自觉以德立身、以德立学、以德施教、以德育德。

我把师德师风作为评价教师队伍素质的第一标准。树人先树德，这样的思想在学校里早已生根发芽。所有教师都忠实履行着为党育人、为国育才的使命，孜孜以求，刻苦钻研，潜心治教，把每一节课都当作可以影响学生生命质量的课堂，不怠慢，不应付。这也是学校"崇德尚志，勤奋创新"校训的生动体现。

陈文：在提升教师整体素质上，您有怎样的思考？

袁章军：师资队伍建设是学校发展的永恒话题。我注重名师和学科带头人的培养，因为我明白，所谓名校就是其中有名师。我希望学校每一位教师都能做"良师"，少崇拜"名师"。这样的观点可能与社会主流观点格格不入，但我有着自己的理解。名师就像一棵参天大树，阳光、雨露、土壤养分都被它占去了大部分，在一定程度上阻碍了其他树木的成长。学校的教师团队不应该只有一棵参天大树，而应该是树木组成的森林。每一棵树都是良师，每一位良师都心怀仁爱，都能用关怀的眼光和宽容的胸怀去对待每一个学生，促进每一个学生的发展。所以像浏阳一中这样的学校，我更重视"森林式"教师队伍建设。什么意思呢？就是不断提高全体教师的综合素质与能力，因为到一中来读书的学生素质、能力相对均衡，没有一支"森林式"的教师团队是无法促使学校教育水平整体提高的。

陈文：非常认同您的建设"森林式"教师团队的主张，我也认为学校里每一个人都重要。为了建设"森林式"教师团队，学校有哪些具体措施？

袁章军：教师成长与发展需要温润和谐的工作环境。浏阳一中没有上班打卡制度，教师们也从不辜负学校的信任，总是以更高的教育自觉投入到工作中来，早读、晚班、上课，每一项工作都履职到位。还需要有成长的平台。我们在学校图书馆二楼设置了"教师书吧"，幽雅温馨的环境让人倍感舒适，30台电脑和丰富的报刊书籍随时为教师提供精神滋养。中午，教师们在书吧休息看书；下午，有备课组在这里集体教研备课。教师们享受有品位的精神生活，教育变得格外美好。学校设置了青年教师工作坊，由我亲自担任坊主，培训青年教师的三笔字、语言表达能力和论文写作能力等，通过师徒结对为他们提供课堂教学指导。在浓厚的教研环境下，一大批青年教师迅速成长，80%以上的青年教师都获得市级以上赛课奖励。除此之外，学校还专门设立"校长特别奖"，鼓励教师们在工作、生活中磨炼教育技能，努力成为能塑造学生良好品格的良师。

我经常跟老师们交流：学生如幼苗，教师应有仁爱之心，需用如春风般的温暖去关怀学生；学生要面向未来，教师就要有如水的包容，让学生有无限发展的可能。当教师，要学会等待孩子成长。我特别希望教师能从知识的传授者变成学生学习的引导者和学生发展的促进者，从教书匠变成教育的研究者和反思的实践者。

陈文：您感觉现在的教师应该是一个怎样的角色？

袁章军：新时代的教师应该是科学文化的学习者，是先进文化和常理常识的传播者，是教育现代化的探索者。教师队伍建设是学校发展的核心、本质，是学生成长成才的关键，是全面增强学校办学活力的有力保障。在全面推进学校共建共治过程中，只有通过各种方式激发教师教育教学的主人翁意识，才有可能使学校生机勃勃。

陈文：在浏阳人心目中，一中是重点高中，人们对一中的期望，除了要一本率高，更期望能多出几个清华、北大学生，有些年份一中上清华、北大的学生少于兄弟学校，面对群众的议论，作为校长，您感到有压力吗？

袁章军：实际上，上清华、北大的学生存在一定的偶然性。面对现实情况，说没有一点压力那是不可能的。不过，我的内心是比较强大的。我会坚持我认为应该坚持的教育原则。我认为学校应该培养适应社会需求、为国家服务、为人民服务的人才而存在，而不是仅仅为上几个清华、北大的学生而存在。培养这样的学生，学校需要为他们画底线、涂底色、涵底蕴。

画底线，我认为善良是根本，善良之下还要有真诚，真诚不仅是品性的真，也包含对真理永恒的追求。涂底色，第一种是绿色。学校应让学生锻炼出强健的体魄，培养其健全的人格和健康的心理，使其身心均衡发展。第二种是红色。学生不管是现在学习还是以后走进社会，都需要火热的激情，都需要传承我们的红色文化基因。第三种是蓝色。蓝色代表着科学的探索精神，学生要有一颗发现科学、探索科学的心，要有发现问题、解决问题的追根究底的科学精神。涵底蕴，涵养的是你以后面对生活、接受生活的能力，是你以后走向社会、走向世界的格局。我希望：作为一中的学生，他们将来走出校门后不仅要做社会的适应者，还要努力去做社会的引领者、改造者、创造者。

陈文：近年，您提出温润教育的理念，能说说什么是温润教育吗？

袁章军：浏阳一中经过90多年的办学实践，在传承老一辈一中人"有教无类、因材施教""只只蚂蚁捉上树"的教育情怀的基础上，进入新时代，我提出"温润"教育理念，目的是要求教师以仁爱之心涵养学生的幸福人生。

什么是"温润"教育？我理解的"温润"教育的本质是一种"仁爱"教育，"温润"又是儒家思想中"玉文化"的一种体现，即所谓的"温润如玉"。温之于心、润之于微、教之于精、育之于无形，这就是温润教育。"温润"教育是一种理念，一种意识、一种态度，也是一种文化。因为，教育不能有太多的暴风骤雨，必须如春雨润物无声，如美玉晶莹有形。

温润教育思想师法自然，将自然生态系统的演化与人的发展规律有机结合，倡导以仁爱之心唤醒学生炙热的情感，激发和维护人性的光辉。浏阳一中校园自然环境幽雅，人文底蕴深厚。学生清扫落叶，筑起鸟巢，倾听虫鸣。学生与学校环境对话，就是与学校的历史和人文精神对话。学生在对话中感受生命律动，完善自身的道德修养与科学素养。

陈文：温润教育具体涵盖哪些方面？

袁章军：我觉得包括以下几个方面。

营造温润的育人环境。浏阳一中校园景色优美，环境宜人。浏阳文庙、樟树坪、新算学社、植物园、灯谜长廊、诗词墙等交相辉映，处处弥漫着浓厚的校园文化氛围。"温润"教育的理念就在其中孕育，融入在学校全方位的育人实践里。师生关系如同树与树之间的摇动，心与心之间的唤醒。有温度的教育常常体现在细节上，体现在言传身教上。写好每一个字、吃好每一顿饭、上好每一堂课，成了每一位教师常常提及的话语。学校努力保持平稳的办学局面，不搞运动式突击；营造平和的校园氛围，不刻意追求升学率；维持平静的教学秩序，不急功近利。用这种春风化雨的校园育人氛围，润泽出学生的独特气质。

倡导精勤的工作方式。学校以"仁爱"为核心构建治理体系，以"精""勤"的态度将无形的"温润"教育理念落到实处。"精"就是教师备课精心，开展工作精细，处理问题精当；"勤"就是勤走路、勤观察、勤思考、勤动手，勤于有所改变。"仁爱"是"温润"教育的内核，而"精勤"是施行仁爱的必经途径。同时，学校积极营造"校园无处不课堂，人人皆可做教育"的大教育氛围，落实"安全即质量，守护亦教育""食堂即课堂，服务亦教育""寝室即教室，陪伴亦教育"的理念。2012年，学校"八百学生用餐泔水不足一桶"的新闻成了国内主流媒体的头条，学生的文明素养已经深入人心。

队伍建设从管理走向治理。现代学校要谋求更长远的发展，必须从管理转向治理，由单一向度的管理转向多元向度的相互作用。政府、社会、学校、教师、家长、学生为了共同的奋斗目标，通过合作、协商等方式共同处理学校事务。为了提升学校管理干部的治理意识，激发教职员工的创新意识，浏阳一中坚持开展学校治理论坛，如校级领导治理论坛、中层干部治理论坛、班主任论坛、教研组长论坛、青年教师论坛等，让不同岗位、不同年龄、不同科目的老师都有机会站上讲坛，分享各自的工作体验。在干部培养方面，提出既要"用人所长"，也要敢于"用人之短"。我主张干部要在多岗位进行锻炼，补足短板，促进全面发展。

着眼学生的终身发展。"温润"教育，充分尊重学生的天性和成长规律，努力为学生的个性化发展提供支柱。在"温润"的校园文化土壤中，学生就如同种子，顺应时节，吸收养料，在经历"春的滋养""夏的历练""秋的收获""冬的积蓄"后，奋力绽放，自由生长。酷暑下的军训是一中学子进入高中的第一课，这堂课，教给学生的是坚强，是磨炼。秋天，收获成熟的季节，全校师生按传统礼仪前往文庙祭拜孔子，在先贤的注视下加冠及笄，宣告成人。冬天，万物沉寂，校园的琅琅书声正在为梦想积蓄力量。

陈文："温润"如何体现在学校的日常生活中呢？

袁章军：每一个学生都是独立的生命体，犹如一颗种子，教师应该相信种子，相信岁月，为学生提供最适宜的环境，让他们在校园这块肥沃的土壤中，吸收丰富的养料，慢慢成长。温润教育常常体现在细节中，体现在写好每一个字、吃好每一顿饭、上好每一堂课中。比如，学校把食堂办好，让学生吃好每一顿饭，促进其身体健康发展；老师上好每一堂课，特别是体育课，让学生形成受益一生的健身习惯和思维方式。这体现在有特色的课程和活动，学校先后开设了特色外语类、实践类、活动类、生活类等系列课程，为学生提供了多元选择和发展途径。学有余力的孩子可以去参加这些课程的辅修或专修，促进均衡发展的同时，挖掘自身特长。学校为学生兴趣搭建平台，建有文学社、健康社、话剧社、摄影社、创客社、军政社、谜社等30多个社团，让学生在校园文化艺术节、社团文化节、科技创新节、师生读书节等活动中增本领、长才干。学校先后与英国、法国、美国等多所高中建立友好交流和互访机制，以此开阔学生的国际视野。学校有一门课程叫"世界观察"，着重引领学生走出去，去观察不同的文化以及不同教育生态下的学生，培养学生的文化鉴赏能力，为学生价值观的形成拓宽道路。

学校还编写《校友胡耀邦》《走近谭嗣同》《浏阳文庙》《国学入门》等校本教材，开设"生涯规划""创客空间""中国古代文化"等校本课程和日语、法语等特色外语课程，多方位培养学生的学科思维和创新精神。学校每年举办诗词大会、校园艺术节、元旦晚会、文庙祭孔等活动，为提升学生综合素养搭建平台。在未来的路上，浏阳一中将继续深入探索，为学生的终身发展和幸福人生提供更强的向上生长力量。

后记

预立的人生会更精彩

《礼记·中庸》有言："凡事预则立，不预则废。"意思是说，做任何事情，事前有准备就可以成功，没有准备就会失败。回顾自己 40 年的教育人生，我非常认同这句话中所包含的哲理。

1982 年，我从湘潭师专毕业，服从分配回到浏阳，来到位于浏阳东乡大山深处的一所县属中学教书。说是县属中学，可办学条件之差，现在的年轻人难以想象。学校没有楼房的概念，只有横七竖八的几栋平房，供电也不正常。我第一次到教务处领教学用具，教务主任递给我一盏煤油灯。面对简陋的工作、生活环境，我没有计较太多，仗着自己年轻，每天早上，学生起床我起床，学生读书我读书，课余和学生一起打球、游戏。晚上，学生就寝后，我回到只有一张床和一个书架的房间里，在昏黄的煤油灯下，备课、批改学生作业，然后，我总要打开一本书，读至深夜。非常幸运的是，在我工作之初就接触到了苏联伟大的教育家苏霍姆林斯基，他的《给教师的建议》一书和"一个真正的人应当在灵魂深处有一份精神宝藏，这就是他通宵达旦读过的一二百本书"的话语，给了我的教育教学很多的启发和奋发向上的力量。

在这所农村中学工作期间，我除了通过读书获得本科文凭外，还读了大量的文史哲方面的书，订阅了多本语文学科专业杂志，通过这些杂志，我了解到语文教研教改的最新动态和语文教育界的特级教师和相关专家。我下定决心，结交天下名师而师之，通过书信等形式主动和他们联系。我定下目标，在工作十年、二十年后，也要成为他们那样的学生喜欢、同行认同的教师。

机会总是青睐心中有目标、手上有准备的人。在学校工作十年后，浏阳市教育局教研室在全市高中语文教师中选调语文教研员，我因有多届高三语文教学经历，有多篇省级以上教学论文发表而顺利获得这个岗位。在这个平台上，我以"教师是我师，我是教师友"为工作理念，虚心向老教师学习，不厌其烦地和青年教师交流教学教研心得体会。

在担任教研员五年后，浏阳市教育局任命我为教研室主任。我深知，教而不研则浅，研而不教则虚。同时我感到，自己一个人求上进、得发展还不够，必须让教研室所有教研员都成为教学的里手、教研的专家，于是，我确定了自己和每位教研员的年度工作、学习目标，在这个目标的激励下，我和各学科教研员很快便成了全市各学科教学教研的领头雁。20 世纪 90 年代末，浏阳市教研室被评为湖南省优秀教研室，影响力不断扩大。《中国教师报》记者了解我在教研室及教研员的管理方面的做法后，专程从北京来采访我。我向记者朋友说出了我们的成长"秘籍"，这就是"一、二、三、四、五、六、七、八、九、十"。

"一"是指一块基地：每个教研员要根据本学科的实际在全市范围内选好一块实验基地。"二"是指两个课题：每个教研员要做好自创或是省市课题两个。"三"是指三篇文章：每个教研员一年里要在省级以上刊物发表三篇论文。"四"是指四次讲座：每个教研员要根据教育教学发展新形势、新要求选好课题，精心备课，下到学校为老师们开好讲座。"五"是指五本专著：每个教研员一年至少要读五本与自己学科有关的书。"六"是指六次活动：每个教研员每年要组织好关于本学科的教研活动六次以上。"七"是指七个朋友：每个教研员要结交本市本学科七个朋友，组成学科研究团队，经常讨论教学问题。"八"是指八十天下乡下校：每个教研员每年要深入学校八十天以上，了解教学教研真实情况。"九"是指听九十节课：每个教研员每年要下到课堂听九十节课并有评课记录。"十"是指十节研究课：每个教研员要到学校去，走进教室给学生上十节以上的课，这样才能了解教师上课的艰辛。我的教研员年度工作目标公布后，有的教研员因"述而不作"，觉得写文章发表有困难，有的教研员因长期脱离教学一线，觉得到学生中去上课没把握。我耐心地做同事们的工作，鼓励大家拿起笔来写，勇敢走进课堂。在我的要求下，教研员都有计划、有步骤地一一完成目标任务，后来这批教研员不断成长，有的上调到省市教研部门，有的被评为特级教师。我也在35岁前被拔优评为中学高级教师，在40岁前被评为湖南省中学语文特级教师。在担任教研室主任八年后被任命为浏阳市教育局副局长。

在市教育局任副局长期间，我主要分管教学教研等业务工作。在这个平台上我思考得最多的是：要引导老师们做好教育教学的工作，抓手在哪里？我通过对很多名师的分析研究，发现他们无一例外都是潜下心来读书学习、改革创新的典范。是啊，老师身上多些书卷气，少些烟酒味，那才令人敬佩，那才能产生教育的力量，于是，我从全市所有教师层面引导他们读书。在教育局党委的支持下，全市实施"新世纪教师读书工程"。每年新学期之始，向每位教师发放3—4本有关教育、人文等方面的书，年末评出百名读书积极分子和百篇优秀读书心得，组织读书分享会和演讲比赛。这项工作至今已坚持25年之久，这在全国都是少有的。现在，全市每位教师家里都有60多本有关教育教学方面的专著。教师们在好书的引领下，对教育工作有了深切的认同感、归属感和成就感，一批教师成长为省市骨干教师、名师。

为了让读书工程顺利推进，从2001年起，我根据之前结交的名师、掌握的信息，每年以市教育局的名义邀请一到两位教育名师、大家来浏阳作报告、上示范课。朱永新、李希贵、李镇西、程红兵、高万祥、冯恩洪、田慧生、肖川、檀传宝、刘铁芳、闫学、吴非、高峰等几十位国内教育界的专家学者都到过浏阳讲学，他们的到来让浏阳教师领略到诸多名师、大家的风采，这些名师、大家用渊博的学识和高尚的人格魅力为浏阳广大教师树立了人生奋斗的标杆。

阅读丰盈每一个日子。我归纳总结出有关读书的一句话：时间再短也要读书，房子再小也要藏书，收入再少也要买书，交情再浅也要送书。每到一所学校，我就把它送给老师们。我倡议老师将年收入的2%用来买书，我自己基本上做到了将年收入的5%用于买书。我联系自己的成长经历，经常给老师们讲，虽然读书是个人的事，但作为教师，要在专业上不断进步，必须从以下三个方面读书。一是读专业的书。包括读本学科课程标准，读本学科教材，读本学科专业杂志，读本学科前辈的专著等。二是读教育理论书籍。一个教师要走得更远，必须加强理论修养，从孔夫子到陶行知，从苏格拉底到苏霍姆林斯基，古今中外教育家为我们留下了丰富的教育遗产，值得我们认真研究。当代教育名家如朱永新、李希贵等的著作，值得我们仔细揣摩。还有一大批从一线走出的名校长和名师，他们的著作值得好好思考与借鉴。三是读提升人文和科技素养的书。这类书要读经典，可以从经典中获得人生智慧和工作动力。

在我的办公室里，我请本土书法家写了一幅字挂在墙上：花香何及书香远，酒味怎如诗味长。我还找人刻了一枚送书印章，上面是两行字："读书是人生最美的姿态，送书是人间最真的情谊。"每当有校长、老师来办公室和我交流教育教学工作，临走时，我不会让他们空手而去，当他们捧着我送的书满心欢喜而去，我庆幸又多培养了一个读书人。为此，《湖南教育》2007 年 9 月刊以《一棵树和一片森林》为题，用了一万多字的篇幅，对我如何引领一个区域内的教师读书学习做了翔实的报道。此后，《教师月刊》《中国教育报》等报刊，都刊发过对我的专访。基于对读书的孜孜不倦和不遗余力地推动一个区域的读书工作，2013 年，我被《中国教育报》评为"全国十大推动读书人物"之一。

这些年来，我读书、写作不停步。每年读书在 50 本以上，结合工作实际和自己的专业特长，写下大量的教育教学方面的论文随笔和文学作品，至今在全国几十家报刊上发表 300 多篇，公开出版《教师可以更优秀》《教育必须刚刚好》《边教书，边成长》《教师写作 9 堂课》等 6 本教育专著和《泥土生香》《快活岭》等 2 部短篇小说集。湖南师范大学教授黄耀红先生读了我的教育专著和文学作品后评价道："陈文从中学教师到语文教研员，到教研室主任，到教育局副局长，广泛阅读，勤奋写作，一路成长一路开花，越努力越幸运。这几年，他的教育专著一再增印，短篇小说集也深得好评。左手缪斯，右手教育。岁月不分新陈，郁郁存乎文字。真不愧为特级教师中的作家，作家中的特级教师。"

经常听人感叹：人生苦短。回顾自己 40 年的教育人生，很多收获在我的规划之内，还有很多的成果超乎了预期。我认为，如果人生有梦想、有规划，可以延续其长度，拓展其宽度，累积其厚度，呈现出不一样的精彩。

我把近年来发表在全国各级报刊的文章结集，取名《好教师从哪里来》，交给湖南人民出版社的相关编辑。该社的姚忠林老师看过我的书稿后，当即与我联系，表示可以正式出版。我听到这个消息后非常激动，心想终于有一本教育类的书可以在本省的出版社出版了，因为我之前的几本教育类书籍都是在北京、上海等地出版的。可谁来为我这本小书写篇序言呢？我斟酌再三，想到了四十多年前的学生、现任教于长沙雅礼中学的王中翼老师。中翼老师是我当老师时教过的首届高三学生，当年他以优异成绩考入湖南师范大学中文系，后入职省内名校，磨砺多年后成为学校骨干教师，今年正在教高三。由学生为老师的文集作序，这应该是不多见的事。他接到我的请求后在百忙之中通读书稿，写出了一篇极富感情和文采的文章，文中对我这个曾经的老师多有溢美之词，我深感受之有愧。最后，在这本小书即将付梓之际，我要对湖南人民出版社和姚忠林老师、王中翼老师以及所有读者朋友表示衷心的感谢！